O 18 Brumário de Luís Bonaparte

Karl Marx

TEXTO INTEGRAL

CB134802

Tradução revista por
Leandro Konder

CÓPIA NÃO AUTORIZADA É CRIME
ABDR
ASSOCIAÇÃO BRASILEIRA DE DIREITOS REPROGRÁFICOS
RESPEITE O DIREITO AUTORAL
EDITORA AFILIADA

COLEÇÃO A OBRA-PRIMA DE CADA AUTOR

O 18 Brumário de Luís Bonaparte

Karl Marx

TEXTO INTEGRAL

MARTIN CLARET

CRÉDITOS

© *Copyright* desta tradução: Editora Martin Claret, 2007
Traduzido do original inglês *The eighteenth Brumaire of Louis Bonaparte*

IDEALIZAÇÃO E COORDENAÇÃO
Martin Claret

ASSISTENTE EDITORIAL
Rosana Gilioli Citino

CAPA
Ilustração
Marcellin Talbot

MIOLO
Revisão
Márcia Abreu

Tradução revista por
Leandro Konder

Projeto Gráfico
José Duarte T. de Castro

Direção de Arte
José Duarte T. de Castro

Digitação
Graziella Gatti Leonardo

Editoração Eletrônica
Editora Martin Claret

Fotolitos da Capa
OESP

Papel
Off-Set, 70g/m²

Impressão e Acabamento
Paulus Gráfica

Editora Martin Claret Ltda. – Rua Alegrete, 62 – Bairro Sumaré
CEP: 01254-010 – São Paulo – SP
Tel.: (0xx11) 3672-8144 – Fax: (0xx11) 3673-7146

www.martinclaret.com.br / editorial@martin.claret.com.br

Agradecemos a todos os nossos amigos e colaboradores — pessoas físicas e jurídicas — que deram as condições para que fosse possível a publicação deste livro.

Impresso em 2008.

A história do livro e a coleção "A Obra-Prima de Cada Autor"

MARTIN CLARET

Que é o livro? Para fins estatísticos, na década de 1960, a UNESCO considerou o livro "uma publicação impressa, não periódica, que consta de no mínimo 56 páginas, sem contar as capas".

O livro é um produto industrial.

Mas também é mais do que um simples produto. O primeiro conceito que deveríamos reter é o de que o livro como objeto é o veículo, o suporte de uma informação. O livro é uma das mais revolucionárias invenções do homem.

A *Enciclopédia Abril* (1972), publicada pelo editor e empresário Victor Civita, no verbete "livro" traz concisas e importantes informações sobre a história do livro. A seguir, transcrevemos alguns tópicos desse estudo didático sobre o livro.

O livro na Antiguidade

Antes mesmo que o homem pensasse em utilizar determinados materiais para escrever (como, por exemplo, fibras vegetais e tecidos), as bibliotecas da Antiguidade estavam repletas de textos gravados em tabuinhas de barro cozido. Eram os primeiros "livros", depois progressivamente modificados até chegarem a ser feitos — em grandes tiragens — em papel impresso mecanicamente, proporcionando facilidade de leitura e transporte. Com eles, tornou-se possível, em todas as épocas, transmitir fatos, acontecimentos históricos, descobertas, tratados, códigos ou apenas entretenimento.

Como sua fabricação, a função do livro sofreu enormes modificações dentro das mais diversas sociedades, a ponto de constituir uma mercadoria especial, com técnica, intenção e utilização determinadas. No moderno movimento editorial das chamadas sociedades de consumo, o livro pode ser considerado uma mercadoria cultural, com maior ou menor significado no contexto socioeconômico em que é publicado. Enquanto mercadoria, pode ser comprado, vendido ou trocado. Isso não ocorre, porém, com sua função intrínseca, insubstituível: pode-se dizer que o livro é essencialmente um instrumento cultural de difusão de idéias, transmissão de conceitos, documentação (inclusive fotográfica e iconográfica), entretenimento ou ainda de condensação e acumulação do conhecimento. A palavra escrita venceu o tempo, e o livro conquistou o espaço. Teoricamente, toda a humanidade pode ser atingida por textos que difundem idéias que vão de Sócrates e Horácio a Sartre e McLuhan, de Adolf Hitler a Karl Marx.

Espelho da sociedade

A história do livro confunde-se, em muitos aspectos, com a história da humanidade. Sempre que escolhem frases e temas, e transmitem idéias e conceitos, os escritores estão elegendo o que consideram significativo no momento histórico e cultural que vivem. E, assim, fornecem dados para a análise de sua sociedade. O conteúdo de um livro — aceito, discutido ou refutado socialmente — integra a estrutura intelectual dos grupos sociais.

Nos primeiros tempos, o escritor geralmente vivia em contato direto com seu público, que era formado por uns poucos letrados, já cientes das opiniões, idéias, imaginação e teses do autor, pela própria convivência que tinham com ele. Muitas vezes, mesmo antes de ser redigido o texto, as idéias nele contidas já haviam sido intensamente discutidas pelo escritor e parte de seus leitores. Nessa época, como em várias outras, não se pensava na enorme porcentagem de analfabetos. Até o século XV, o livro servia exclusivamente a uma pequena minoria de sábios e estudiosos que constituíam os círculos intelectuais (confinados aos mosteiros durante o começo da Idade Média) e que tinham acesso às bibliotecas, cheias de manuscritos ricamente ilustrados.

Com o reflorescimento comercial europeu, nos fins do século XIV, burgueses e comerciantes passaram a integrar o mercado livreiro da época. A erudição laicizou-se e o número de escritores aumentou, surgindo também as primeiras obras escritas em línguas que não o latim e o grego (reservadas aos textos clássicos e aos assuntos considerados dignos de atenção). Nos séculos XVI e XVII, surgiram diversas literaturas nacionais, demonstrando, além do florescimento intelectual da época, que a população letrada dos países europeus estava mais capacitada a adquirir obras escritas.

Cultura e comércio

Com o desenvolvimento do sistema de impressão de Gutenberg, a Europa conseguiu dinamizar a fabricação de livros, imprimindo, em cinqüenta anos, cerca de 20 milhões de exemplares para uma população de quase 10 milhões de habitantes, cuja maioria era analfabeta. Para a época, isso significou enorme revolução, demonstrando que a imprensa só se tornou uma realidade diante da necessidade social de ler mais.

Impressos em papel, feitos em cadernos costurados e posteriormente encapados, os livros tornaram-se empreendimento cultural e comercial: os editores passaram logo a se preocupar com melhor apresentação e redução de preços. Tudo isso levou à comercialização do livro. E os livreiros baseavam-se no gosto do público para imprimir, principalmente obras religiosas, novelas, coleções de anedotas, manuais técnicos e receitas.

Mas a porcentagem de leitores não cresceu na mesma proporção que a expansão demográfica mundial. Somente com as modificações socioculturais e econômicas do século XIX — quando o livro começou a ser utilizado também como meio de divulgação dessas modificações e o conhecimento passou a significar uma conquista para o homem, que, segundo se acreditava, poderia ascender socialmente se lesse — houve um relativo aumento no número de leitores, sobretudo na França e na Inglaterra, onde alguns editores passaram a produzir obras completas de autores famosos, a preços baixos. O livro era então interpretado como símbolo de liberdade, conseguida por conquistas culturais. Entretanto, na maioria dos países, não houve nenhuma grande modificação nos índices porcentuais até o fim da Primeira Guerra Mundial (1914/18), quando surgiram as primeiras grandes tiragens de um só livro, principalmente romances, novelas e textos didáticos. O número elevado de cópias, além de baratear o preço da unidade, difundiu ainda mais a literatura. Mesmo assim, a maior parte da população de muitos países continuou distanciada, em parte porque o livro, em si, tinha sido durante muitos séculos considerado objeto raro, atingível somente por um pequeno número de eruditos. A grande massa da população mostrou maior receptividade aos jornais, periódicos e folhetins, mais dinâmicos e atualizados, e acessíveis ao poder aquisitivo da grande maioria. Mas isso não chegou a ameaçar o livro como símbolo cultural de difusão de idéias, como fariam, mais tarde, o rádio, o cinema e a televisão.

O advento das técnicas eletrônicas, o aperfeiçoamento dos métodos fotográficos e a pesquisa de materiais praticamente imperecíveis fazem alguns teóricos da comunicação de massa pensarem em um futuro sem os livros tradicionais (com seu formato quadrado ou retangular, composto de folhas de papel, unidas umas às outras por um dos lados). Seu conteúdo e suas mensagens (racionais ou emocionais) seriam transmitidos por outros meios, como por exemplo microfilmes e fitas gravadas.

A televisão transformaria o mundo todo em uma grande "aldeia" (como afirmou Marshall McLuhan), no momento em que todas as sociedades decretassem sua prioridade em relação aos textos escritos. Mas a palavra escrita dificilmente deixaria de ser considerada uma das mais importantes heranças culturais, entre todos os povos.

Através de toda a sua evolução, o livro sempre pôde ser visto como objeto cultural (manuseável, com forma entendida e interpretada em função de valores plásticos) e símbolo cultural (dotado de conteúdo, entendido e interpretado em função de valores semânticos). As duas maneiras podem fundir-se no pensamento coletivo, como um conjunto orgânico (onde texto e arte se completam, como, por exemplo, em um livro de arte) ou apenas como um conjunto textual (onde a mensagem escrita vem em primeiro lugar — em um livro de matemática, por exemplo).

A mensagem (racional, prática ou emocional) de um livro é sempre intelectual e pode ser revivida a cada momento. O conteúdo, estático em si, dinamiza-se em função da assimilação das palavras pelo leitor, que pode discuti-las, reafirmá-las, negá-las ou transformá-las. Por isso, o livro pode ser considerado instrumento cultural capaz de liberar informação, sons, imagens, sentimentos e idéias através do tempo e do espaço. A quantidade e a qualidade de idéias colocadas em um texto podem ser aceitas por uma sociedade, ou por ela negadas, quando entram em choque com conceitos ou normas culturalmente admitidos.

Nas sociedades modernas, em que a classe média tende a considerar o livro como sinal de *status* e cultura (erudição), os compradores utilizam-no como símbolo mesmo, desvirtuando suas funções ao transformá-lo em livro-objeto. Mas o livro é, antes de tudo, funcional — seu conteúdo é que lhe dá valor (como os livros de ciências, filosofia, religião, artes, história e geografia, que representam cerca de 75% dos títulos publicados anualmente em todo o mundo).

O mundo lê mais

No século XX, o consumo e a produção de livros aumentaram progressivamente. Lançado logo após a Segunda Guerra Mundial (1939/45), quando uma das características principais da edição de um livro eram as capas entreteladas ou cartonadas, o livro de bolso constituiu um grande êxito comercial. As obras — sobretudo *best sellers* publicados algum tempo antes em edições de luxo — passaram a ser impressas em rotativas, como as revistas, e distribuídas nas bancas de jornal. Como as tiragens elevadas permitiam preços muito baixos, essas edições de bolso popularizaram-se e ganharam importância em todo o mundo.

Até 1950, existiam somente livros de bolso destinados a pessoas de baixo poder aquisitivo; a partir de 1955, desenvolveu-se a categoria do livro de bolso "de luxo". As características principais destes últimos eram a abundância de coleções — em 1964 havia mais de duzentas, nos Estados Unidos — e a variedade de títulos, endereçados a um público intelectualmente mais refinado. A essa diversificação das categorias adiciona-se a dos pontos-de-venda, que passaram a abranger, além das bancas de jornal, farmácias, lojas, livrarias, etc. Assim, nos Estados Unidos, o número de títulos publicados em edições de bolso chegou a 35 mil em 1969, representando quase 35% do total dos títulos editados.

Proposta da coleção "A Obra-Prima de Cada Autor"

"Coleção" é uma palavra há muito tempo dicionarizada e define o conjunto ou reunião de objetos da mesma natureza ou que têm alguma relação entre si. Em um sentido editorial, significa o conjunto não-limitado de obras de autores diversos, publicado por uma mesma editora, sob um título geral indicativo de assunto ou área, para atendimento de segmentos definidos do mercado.

A coleção "A Obra-Prima de Cada Autor" corresponde plenamente à definição acima mencionada. Nosso principal objetivo é oferecer, em formato de bolso, a obra mais importante de cada autor, satisfazendo o leitor que procura qualidade.*

Desde os tempos mais remotos existiram coleções de livros. Em Nínive, em Pérgamo e na Anatólia existiam coleções de obras literárias de grande importância cultural. Mas nenhuma delas superou a célebre biblioteca de Alexandria, incendiada em 48 a.C. pelas legiões de Júlio César, quando estas arrasaram a cidade.

A coleção "A Obra-Prima de Cada Autor" é uma série de livros a ser composta por mais de 400 volumes, em formato de bolso, com preço altamente competitivo, e pode ser encontrada em centenas de pontos-de-venda. O critério de seleção dos títulos foi o já estabelecido pela tradição e pela crítica especializada. Em sua maioria, são obras de ficção e filosofia, embora possa haver textos sobre religião, poesia, política, psicologia e obras de auto-ajuda. Inauguram a coleção quatro textos clássicos: *Dom Casmurro*, de Machado de Assis; *O Príncipe*, de Maquiavel; *Mensagem*, de Fernando Pessoa, e *O lobo do mar*, de Jack London.

Nossa proposta é fazer uma coleção quantitativamente aberta. A periodicidade é mensal. Editorialmente, sentimo-nos orgulhosos de poder oferecer a coleção "A Obra-Prima de Cada Autor" aos leitores brasileiros. Nós acreditamos na função do livro.

---

* Atendendo a sugestões de leitores, livreiros e professores, a partir de certo número da coleção começamos a publicar, de alguns autores, outras obras além da sua obra-prima.

O 18 Brumário de Luís Bonaparte*

* Esta edição está baseada na edição Soviética realizada pelo Instituto de Marxismo-Leninismo, ligado ao Comitê Central do PCUS, publicada em 1953, em Moscou, pela Ediciones em Lenguas Extrangeras.

Prefácio do autor para a segunda edição

Meu amigo Joseph Weydemeyer[1], morto prematuramente, pretendia editar um semanário político em Nova York a partir de 1°. de janeiro de 1852. Convidou-me a escrever para esse semanário uma história do golpe de Estado. Enviei-lhe, por conseguinte, até meados de fevereiro, artigos semanais sob o título de *O 18 Brumário de Luís Bonaparte*. Nesse ínterim fracassara o plano primitivo de Weydemeyer. Em vez do semanário surgiu na primavera de 1852 uma publicação mensal, *Die Revolution*, cujo primeiro número consiste no meu *18 Brumário*. Algumas centenas de exemplares foram, na época, introduzidas na Alemanha, sem, contudo, chegar a entrar no mercado de livros propriamente dito. Um livreiro alemão de pretensões extremamente radicais a quem ofereci a venda do meu livro ficou mui virtuosamente horrorizado ante uma "pretensão" tão "contrária à época".

Depreende-se dos fatos acima que o presente trabalho tomou forma sob a pressão imediata dos acontecimentos, e seu material histórico não vai além do mês de fevereiro de 1852. Sua reedição neste momento deve-se em parte à procura de livros e em parte a instâncias de meus amigos da Alemanha.

Das obras que trataram do mesmo assunto mais ou menos na

[1] Comandante militar do distrito de St. Louis durante a guerra civil americana. (N. do A.)

mesma época, apenas duas são dignas de nota: *Napoleón, le Petit*, de Victor Hugo, e *Coup d'État*, de Proudhon.

Victor Hugo limita-se à invectiva mordaz e sutil contra o responsável pelo golpe de Estado. O acontecimento propriamente dito aparece em sua obra como um raio caído de um céu azul. Vê nele apenas o ato de força de um indivíduo. Não percebe que engrandece, ao invés de diminuir, esse indivíduo, atribuindo-lhe um poder pessoal de iniciativa sem paralelo na história do mundo. Proudhon, por sua vez, procura representar o golpe de Estado como o resultado de um desenvolvimento histórico anterior. Inadvertidamente, porém, sua construção histórica de golpe de Estado transforma-se em uma apologia histórica do seu autor. Cai, assim, no erro dos nossos historiadores pretensamente *objetivos*. Eu, pelo contrário, demonstro como a *luta de classes* na França criou circunstâncias e condições que possibilitaram a um personagem medíocre e grotesco desempenhar um papel de herói.

Uma revisão do presente trabalho ter-lhe-ia roubado o colorido peculiar. Limitei-me, portanto, à mera correção de erros tipográficos e à eliminação de alusões que não seriam mais inteligíveis hoje em dia.

A frase final: "Mas, quando o manto imperial cair finalmente sobre os ombros de Luís Bonaparte, a estátua de bronze de Napoleão ruirá do topo da Coluna Vendôme" já se converteu em realidade.

O coronel Charras abriu o ataque contra o culto de Napoleão em seu trabalho sobre a campanha de 1815. Desde então, e especialmente nestes últimos anos, a literatura francesa pôs fim ao mito de Napoleão com as armas da pesquisa histórica, da crítica, da sátira e da ironia. Fora da França essa violenta ruptura com a crença tradicional do povo, essa tremenda revolução mental, tem sido pouco notada e, menos ainda, compreendida.

Finalmente, espero que o meu trabalho possa contribuir para afastar o termo ora em voga, principalmente na Alemanha, do chamado *cesarismo*. Nesta analogia histórica superficial esquece-se o mais importante, ou seja, que na antiga Roma a luta de classes desenvolveu-se apenas no seio de uma minoria privilegiada, entre os ricos cidadãos livres e os pobres cidadãos livres, enquanto a grande massa produtora, os escravos, formava o pedestal puramente passivo para esses combatentes. Esquece-se a significativa frase de Sismondi: "O proletariado romano vivia a expensas da sociedade, enquanto a sociedade moderna vivia a expensas do proletariado".

Com uma diferença tão cabal entre as condições materiais e econômicas das lutas de classes antigas e modernas, as formas políticas produzidas por elas hão de ter tanta semelhança entre si como o Arcebispo de Canterbury e o Pontífice Samuel.

Karl Marx
Londres, 23 de junho de 1869.

Prefácio de Engels para a terceira edição

O fato de se ter tornado necessária uma nova edição de *O 18 Brumário* trinta e três anos depois de seu primeiro aparecimento prova que ainda hoje essa obra nada perdeu de seu valor.

Era, na verdade, uma obra genial. Imediatamente após o acontecimento que surpreendeu todo o mundo político como um raio caído de um céu azul, e que foi condenado por alguns com gritos de indignação moral e acolhido por outros como a salvação contra a revolução e como o castigo dos seus erros, mas que apenas provocara o assombro de todos e não era compreendido por ninguém — imediatamente após esse acontecimento, Marx produziu uma exposição concisa e epigramática que punha a nu, em sua concatenação interna, todo o curso da história da França desde as jornadas de fevereiro, reduzia o milagre de 2 de dezembro a um resultado natural e necessário dessa concatenação e, no processo, não necessitou sequer tratar o herói do golpe de Estado senão com um desprezo bem merecido. E o quadro foi traçado com tanta mestria que todas as revelações novas feitas desde então não fizeram senão confirmar a exatidão com que refletira a realidade. Essa notável compreensão da história viva da época, essa lúcida apreciação dos acontecimentos ao tempo em que se desenrolavam, é, realmente, sem paralelo.

Mas para isso era preciso ter o profundo conhecimento que Marx possuía da história francesa. A França é o país onde, mais do que em qualquer outro lugar, as lutas de classe foram sempre levadas à decisão final, e onde, por conseguinte, as formas políticas mutáveis nas quais se processam essas lutas e nas quais se condensam seus resultados tomam os contornos mais nítidos. Centro do feudalismo na Idade Média, país modelo, desde a Renascença, da monarquia unitária baseada nos testamentos, a França desmantelou o feudalismo na Grande Revolução e instaurou o domínio da burguesia com uma pureza clássica inigualada por qualquer outro país europeu. A luta do proletariado revolucionário contra a burguesia dominante surgiu aqui sob formas agudas desconhecidas em outros países. Esta foi a razão pela qual Marx não só estudou a história anterior da França com especial predileção, como acompanhou também sua história contemporânea em todos os detalhes, reunindo materiais destinados a uma futura utilização. Por isso, neste terreno, os acontecimentos nunca o apanhavam de surpresa.

Deve-se acrescentar ainda outra circunstância. Fora precisamente Marx quem primeiro descobrira a grande lei da marcha da história, a lei segundo a qual todas as lutas históricas, quer se processem no domínio político, religioso, filosófico, quer em qualquer outro campo ideológico, são na realidade apenas a expressão mais ou menos clara de lutas entre classes sociais, e que a existência e, portanto, também os conflitos entre essas classes são, por seu turno, condicionados pelo grau de desenvolvimento de sua situação econômica, pelo seu modo de produção e pelo seu modo de troca, este determinado pelo precedente. Essa lei — que tem para a história a mesma importância que a lei da transformação da energia tem para as ciências naturais — forneceu-lhes, aqui também, a chave para a compreensão da história da II República Francesa. Marx aplicou sua lei a essa história, e mesmo depois de decorridos trinta e três anos temos ainda de admitir que ela resistiu brilhantemente à prova.

F. Engels
Hamburgo, 1885.

Capítulo I

Hegel observa em uma de suas obras que todos os fatos e personagens de grande importância na história do mundo ocorrem, por assim dizer, duas vezes. E esqueceu-se de acrescentar: a primeira vez como tragédia, a segunda como farsa. Caussidière por Danton, Luís Blanc por Robespierre, a Montanha de 1848-1851 pela Montanha de 1793-1795, o sobrinho pelo tio. E a mesma caricatura ocorre nas circunstâncias que acompanham a segunda edição do 18 Brumário!

Os homens fazem sua própria história, mas não a fazem como querem; não a fazem sob circunstâncias de sua escolha e sim sob aquelas com que se defrontam diretamente, legadas e transmitidas pelo passado. A tradição de todas as gerações mortas oprime como um pesadelo o cérebro dos vivos. E justamente quando parecem empenhados em revolucionar-se a si e às coisas, em criar algo que jamais existiu, precisamente nesses períodos de crise revolucionária, os homens conjuram ansiosamente em seu auxílio os espíritos do passado, tomando-lhes emprestado os nomes, os gritos de guerra e as roupagens, a fim de apresentar-se nessa linguagem emprestada. Assim, Lutero adotou a máscara do apóstolo Paulo, a Revolução de 1789-1814 vestiu-se alternadamente como a República romana e como o Império romano, e a Revolução de 1848 não soube fazer nada melhor do que parodiar ora 1789, ora a tradição revolucionária de 1793-1795. De maneira idêntica, o principiante que aprende um novo idioma traduz sempre as palavras desse idioma para sua língua natal; mas só quando puder manejá-lo sem apelar para o passado e esquecer sua própria língua no emprego da nova terá assimilado o espírito desta última e poderá produzir livremente nela.

O exame dessas conjurações de mortos da história do mundo revela de pronto uma diferença marcante. Camile Desmoulins, Danton, Robespierre, Saint-Just, Napoleão, os heróis, os partidos e as massas da velha Revolução Francesa, desempenharam a tarefa de sua época, a tarefa de libertar e instaurar a moderna sociedade *burguesa*, em trajes romanos e com frases romanas. Os primeiros reduziram a pedaços a base feudal e deceparam as cabeças feudais que sobre ela haviam crescido. Napoleão, por seu lado, criou na França as condições sem as quais não seria possível desenvolver a livre concorrência, explorar a propriedade territorial dividida e utilizar as forças produtivas industriais da nação que tinham sido libertadas; além das fronteiras da França ele varreu por toda parte as instituições feudais, na medida em que isso era necessário para dar à sociedade burguesa da França um ambiente adequado e atual no continente europeu. Uma vez estabelecida a nova formação social, os colossos antediluvianos desapareceram, e com eles a Roma ressurrecta — os Brutus, os Gracos, os Publícolas, os tribunos, os senadores e o próprio César. A sociedade burguesa, com seu sóbrio realismo, havia gerado seus verdadeiros intérpretes e porta-vozes nos Says, Cousins, Royer-Coilards, Benjamin Constants e Guizots; seus verdadeiros chefes militares sentavam-se atrás das mesas de trabalho e o cérebro de toucinho de Luís XVIII era a sua cabeça política. Inteiramente absorta na produção de riqueza e na concorrência pacífica, a sociedade burguesa não mais se apercebia de que fantasmas dos tempos de Roma haviam velado seu berço. Mas, por menos heróica que se mostre hoje essa sociedade, foi não obstante necessário heroísmo, sacrifício, terror, guerra civil e batalhas de povos para torná-la uma realidade. E nas tradições classicamente austeras da República romana, seus gladiadores encontraram os ideais e as formas de arte, as ilusões de que necessitavam para esconderem de si próprios as limitações burguesas do conteúdo de suas lutas e manterem seu entusiasmo no alto nível da grande tragédia histórica. Do mesmo modo, em outro estágio de desenvolvimento, um século antes, Cromwell e o povo inglês haviam tomado emprestado a linguagem, as paixões e as ilusões do Velho Testamento para sua revolução burguesa. Uma vez alcançado o objetivo real, uma vez realizada a transformação burguesa da sociedade inglesa, Locke suplantou Habacuc.

A ressurreição dos mortos nessas revoluções tinha, portanto, a finalidade de glorificar as novas lutas e não a de parodiar as passadas; de engrandecer na imaginação a tarefa a cumprir, e não de fugir de sua solução na realidade, de encontrar novamente o espírito da revolução e não de fazer o seu espectro caminhar outra vez.

De 1848 a 1851 o fantasma da velha revolução anda em todos os cantos: desde Marrast, o *républicain en gants jaunes*[1], que se disfarça no velho Bailly, até o aventureiro de aspecto vulgar e repulsivo que se oculta sob a férrea máscara mortuária de Napoleão. Todo um povo que pensava ter comunicado a si próprio um forte impulso para diante, por meio da revolução, se encontra de repente trasladado a uma época morta, e, para que não possa haver sombra de dúvida quanto ao retrocesso, surgem novamente as velhas datas, o velho calendário, os velhos nomes, os velhos éditos que já se haviam tornado assunto de erudição de antiquário, e os velhos esbirros da lei que há muito pareciam defeitos na poeira dos tempos. A nação se sente como aquele inglês louco de Bedlam, que imagina estar vivendo na época dos antigos faraós e lamenta-se diariamente do trabalho pesado que deve executar como garimpeiro nas minas de ouro da Etiópia, emparedado na prisão subterrânea, uma lâmpada de luz mortiça presa à testa, o feitor dos escravos atrás dele com um longo chicote, e nas saídas a massa confusa de mercenários bárbaros, que não compreendem nem os forçados das minas, nem se entendem entre si, pois não falam uma língua comum. "E me impuseram tudo isto", suspira o louco, "a mim, um cidadão inglês livre, para que produza ouro para os faraós!" "Para que pague as dívidas da família Bonaparte", suspira a nação francesa. O inglês, enquanto esteve em seu juízo perfeito, não podia livrar-se da idéia fixa de conseguir ouro. Os franceses, enquanto estiveram empenhados em uma revolução, não podiam livrar-se da memória de Napoleão, como provaram as eleições de 10 de dezembro. Diante dos perigos da revolução, ansiavam por voltar à abundância do Egito; e o 2 de dezembro de 1851 foi a resposta. Não só fizeram a caricatura do velho Napoleão, como geraram o próprio velho Napoleão caricaturado, tal como deve aparecer necessariamente em meados do século XIX.

[1] Republicano de luvas amarelas. (N. do E.)

A revolução social do século XIX não pode tirar sua poesia do passado, e sim do futuro. Não pode iniciar sua tarefa enquanto não se despojar de toda veneração supersticiosa do passado. As revoluções anteriores tiveram de lançar mão de recordações da história antiga para se iludirem quanto ao próprio conteúdo. A fim de alcançar seu próprio conteúdo, a revolução do século XIX deve deixar que os mortos enterrem seus mortos. Antes a frase ia além do conteúdo; agora é o conteúdo que vai além da frase.

A Revolução de Fevereiro foi um ataque de *surpresa*, apanhando desprevenida a velha sociedade, e o povo proclamou esse *golpe* inesperado como um feito de importância mundial que introduzia uma nova época. A 2 de dezembro, a Revolução de Fevereiro é escamoteada pelo truque de um trapaceiro, e o que parece ter sido derrubado já não é a monarquia e sim as concessões liberais que lhe foram arrancadas através de séculos de luta. Longe de ser a própria *sociedade* que conquista para si mesma um novo conteúdo, é o *Estado* que parece voltar à sua forma mais antiga, ao domínio desavergonhadamente simples do sabre e da sotaina. Esta é a resposta que dá ao *coup de main*[2] de fevereiro de 1848 o *coup de tête*[3] de dezembro de 1851. O que se ganha facilmente se entrega facilmente. O intervalo de tempo, porém, não passou sem proveito. Entre os anos de 1848 e 1851 a sociedade francesa supriu — e por um método abreviado, por ser revolucionário — estudos e conhecimentos que em um desenvolvimento regular, de lição em lição, por assim dizer, teriam tido de preceder a Revolução de Fevereiro se esta devesse constituir mais do que um estremecimento da superfície. A sociedade parece ter agora retrocedido para antes do seu ponto de partida; na realidade, somente hoje ela cria o seu ponto de partida revolucionário, isto é, a situação, as relações, as condições sem as quais a revolução moderna não adquire um caráter sério.

As revoluções burguesas, como as do século XVIII, avançam rapidamente de sucesso em sucesso; seus efeitos dramáticos excedem uns aos outros; os homens e as coisas se destacam como gemas fulgurantes; o êxtase é o estado permanente da sociedade; mas essas revoluções têm vida curta; logo atingem o auge, e uma longa mo-

---

[2] Golpe de mão: ataque inesperado. (N. do E.)

[3] Golpe de cabeça: ato impensado. (N. do E.)

dorra se apodera da sociedade antes que esta tenha aprendido a assimilar serenamente os resultados de seu período de lutas e embates. Por outro lado, as revoluções proletárias, como as do século XIX, se criticam constantemente a si próprias, interrompem continuamente seu curso, voltam ao que parecia resolvido para recomeçá-lo outra vez, escarnecem com impiedosa consciência as deficiências, fraquezas e misérias de seus primeiros esforços, parecem derrubar seu adversário apenas para que este possa retirar da terra novas forças e erguer-se novamente, agigantado, diante delas, recuam constantemente ante a magnitude infinita de seus próprios objetivos até que se cria uma situação que torna impossível qualquer retrocesso e na qual as próprias condições gritam:

Hic Rhodus, hic salta![4]
Aqui está Rodes, salta aqui!

Quanto ao resto, qualquer observador medianamente competente, mesmo que não tivesse seguido passo a passo a marcha dos acontecimentos na França, deve ter pressentido que a revolução estava fadada a um terrível fiasco. Bastava ouvir os jactanciosos latidos de vitória com que os senhores democratas se congratulavam pelas conseqüências milagrosas que esperavam dos acontecimentos do segundo domingo de maio de 1852[5]. O segundo domingo de maio de 1852 tornara-se em suas cabeças uma idéia fixa, um dogma, como na cabeça dos quiliastas o dia em que Cristo deveria ressurgir e que assinalaria o começo da era milenar. Como sempre, a fraqueza se refugiara na crença nos milagres, imaginava o inimigo vencido, quando tinha sido afastado apenas em imaginação, e perdia toda compreensão do presente em uma glorificação passiva do que o futuro reservava e dos feitos que guardava *in petto,* mas que não considerava oportuno revelar ainda. Os heróis que procuram refutar sua comprovada incapacidade oferecendo-se apoio mútuo e

---

[4] *"Aqui está Rodes, salta aqui!"* — Esta frase é tirada de uma das fábulas de Esopo: um fanfarrão gabava-se de ter testemunhas para provar que havia certa feita executado um notável salto de Rodes, tendo recebido a seguinte resposta: "Para que citar testemunhas se é verdade? Aqui está Rodes. Salta aqui!" Em outras palavras: Mostra aqui mesmo, na prática, o que és capaz de fazer!

reunindo-se em um bloco haviam amarrado suas trouxas, recolhido suas coroas de louros adquiridas a crédito e estavam nesse momento empenhados em descontar no mercado de letras de câmbio as repúblicas *in partibus* para as quais já tinham, no silêncio de suas almas modestas, previdentemente organizado o corpo governamental. O 2 de dezembro os surpreendeu como um raio em céu azul e os povos, que, em períodos de depressão pusilânime, deixam de boa vontade sua apreensão anterior ser afogada pelos que gritam mais alto, terão talvez se convencido de que já se foi o tempo em que o grasnar dos gansos podia salvar o Capitólio.

A Constituição, a Assembléia Nacional, os partidos dinásticos, os republicanos azuis e vermelhos, os heróis da África, o trovão vibrado da tribuna, a cortina de relâmpagos da imprensa diária, toda a literatura, os políticos de renome e os intelectuais de prestígio, o código civil e o código penal, a *liberté, égalité, fraternité* e o segundo domingo de maio de 1852 — tudo desaparecera como uma fantasmagoria diante da magia de um homem no qual nem seus inimigos reconhecem um mágico. O sufrágio universal parece ter sobrevivido apenas por um momento, a fim de fazer, de próprio punho, o seu último testamento perante os olhos do mundo inteiro e declarar em nome do próprio povo: "Tudo o que existe merece perecer" [6].

Não é suficiente dizer, como fazem os franceses, que a nação fora tomada de surpresa. Não se perdoa a uma nação ou a uma mulher o momento de descuido em que o primeiro aventureiro que se apresenta as pode violar. O enigma não é solucionado por tais jogos de palavras; é apenas formulado de maneira diferente. Não se conseguiu explicar ainda como uma nação de trinta e seis milhões de habitantes pôde ser surpreendida e entregue sem resistência ao cativeiro por três cavalheiros de indústria.

Recapitulemos em linhas gerais as fases que atravessou a Revolução Francesa de 24 de fevereiro de 1848 a dezembro de 1851.

Três períodos principais se destacam: *o período de fevereiro*; de

---

[5] Dia em que expirou o mandato do presidente da República, e de acordo com a Constituição era proibida a reeleição para a presidência. (N. do E.)

[6] Frase de Mefistófeles no *Fausto*, de Goethe. (N. do E.)

4 de maio de 1848 a 28 de maio de 1849, *o período da Constituição da República*, ou *da Assembléia Nacional Constituinte*; de 28 de maio de 1849 a 2 de dezembro de 1851, *o período da República Constitucional* ou *da Assembléia Nacional Legislativa.*

O primeiro período, de 24 de fevereiro — data da queda de Luís Filipe — até 4 de maio de 1848 — data da instalação da Assembléia Constituinte — ou seja, *o período de fevereiro* propriamente dito, pode ser chamado o *prólogo* da revolução. Seu caráter foi oficialmente expressado pelo fato de que o governo por ele improvisado apresentou-se como um governo *provisório* e, assim como o governo, tudo que era proposto, tentado ou enunciado durante esse período era proclamado apenas *provisório*. Nada e ninguém se atrevia a reclamar para si o direito de existência ou de ação real. Todos os elementos que haviam preparado ou feito a revolução — a oposição dinástica, a burguesia republicana, a pequena burguesia democrático-republicana e os trabalhadores social-democratas — encontram provisoriamente seu lugar no *governo* de fevereiro.

Não podia ser de outra maneira. O objetivo inicial das jornadas de fevereiro era uma reforma eleitoral, pela qual seria alargado o círculo dos elementos politicamente privilegiados da própria classe possuidora e derrubado o domínio exclusivo da aristocracia financeira. Quando estalou o conflito de verdade, porém, quando o povo levantou as barricadas, a Guarda Nacional manteve uma atitude passiva, o exército não ofereceu nenhuma resistência séria e a monarquia fugiu, a república pareceu ser a seqüência lógica. Cada partido a interpretava a seu modo. Tendo-a conquistado de armas na mão, o proletariado imprimiu-lhe sua chancela e proclamou-a uma *república social*. Indicava-se, assim, o conteúdo geral da revolução moderna, conteúdo esse que estava na mais singular contradição com tudo que, com o material disponível, com o grau de educação atingido pelas massas, dadas as circunstâncias e condições existentes, podia ser imediatamente realizado na prática. Por outro lado, as pretensões de todos os demais elementos que haviam colaborado na Revolução de Fevereiro foram reconhecidas na parte de leão que obtiveram no governo. Em nenhum período, portanto, encontramos uma mistura mais confusa de frases altissonantes e efetiva incerteza e imperícia, aspirações mais entusiastas de inovação e um domínio mais arraigado da velha rotina, maior harmonia aparente em toda a sociedade e mais profunda discordância entre seus elementos. Enquanto o proletariado de Paris deleitava-se ainda ante a visão das amplas perspectivas que se abriam diante de si e se entregava a discussões sérias sobre os problemas sociais, as velhas forças da sociedade se haviam agrupado, reunido, concertado e encontrado o apoio inesperado da massa da nação: os camponeses e a pequena burguesia, que se precipitaram de golpe sobre a cena política depois que as barreiras da monarquia de julho caíram por terra.

O *segundo período*, de 4 de maio de 1848 até fins de maio de 1849, é o período da *Constituição*, da *fundação da república burguesa*. Imediatamente após as jornadas de fevereiro não só se viu a oposição dinástica surpreendida pelos republicanos, e estes pelos socialistas, como toda a França foi surpreendida por Paris. A Assembléia Nacional, que se reunira a 4 de maio de 1848, sendo o resultado de eleições nacionais, representava a nação. Era um protesto vivo contra as presunçosas pretensões das jornadas de fevereiro e devia reduzir os resultados da revolução à escala burguesa. O proletariado de Paris, que compreendeu imediatamente o caráter dessa Assembléia Nacional, tentou em vão, a 15 de maio, poucos dias depois de sua instalação, anular pela força a sua existência, dissolvê-la, desintegrar novamente em suas partes componentes o organismo por meio do qual o ameaçava o espírito reacionário da nação. Como se sabe, o 15 de Maio não teve outro resultado senão o de afastar Blanqui e seus camaradas, isto é, os verdadeiros dirigentes do partido proletário da cena pública durante todo o ciclo que estamos considerando.

À *monarquia burguesa* de Luís Filipe só pode suceder uma *república burguesa*, ou seja, enquanto um setor limitado da burguesia governou em nome do rei, toda a burguesia governará agora em nome do povo. As reivindicações do proletariado de Paris são devaneios utópicos, a que se deve pôr um paradeiro. A essa declaração da Assembléia Nacional Constituinte o proletariado de Paris respondeu com a *Insurreição de Junho*, o acontecimento de maior envergadura na história das guerras civis da Europa. A república burguesa triunfou. A seu lado alinhavam-se a aristocracia financeira, a burguesia industrial, a classe média, a pequena burguesia, o exército, o *lumpemproletariado* organizado em Guarda Móvel, os intelectuais de prestígio, o clero e a população rural. Do lado do proletariado de Paris não havia senão ele próprio. Mais de três mil insurretos foram massacrados depois da vitória e quinze mil foram deportados sem julgamento. Com essa derrota o proletariado passa para o fundo da cena revolucionária. Tenta readquirir o terreno perdido em todas as oportunidades que se apresentam, sempre que o movimento parece ganhar novo impulso, mas com uma energia cada vez menor e com resultados sempre menores. Sempre que uma das camadas sociais superiores entra em efervescência revolucionária, o proletariado alia-se a ela e, conseqüentemente, participa de todas as derrotas sofridas pelos diversos partidos, umas depois das outras. Mas esses golpes sucessivos perdem sua intensidade à medida que aumenta a superfície da sociedade sobre a qual são distribuídos. Os dirigentes mais importantes do proletariado na Assembléia e na imprensa caem sucessivamente, vítima dos tribunais, e figuras cada vez mais equívocas assumem a sua direção. Lança-se em parte *a experiências doutrinárias, bancos de intercâmbio e associações operárias, ou seja, a um movimento no qual renuncia a revolucionar o velho mundo com ajuda dos grandes recursos que lhe são próprios, e tenta, pelo contrário, alcançar sua redenção independentemente da sociedade, de maneira privada, dentro de suas condições limitadas de existência, e, portanto, tem por força que fracassar.* Parece incapaz de descobrir novamente em si a grandeza revolucionária ou de retirar novas energias dos novos vínculos que criou, até que *todas as classes* contra as quais lutou em junho estão, elas próprias, prostradas ao seu lado. Mas pelo menos sucumbe com as honras de uma grande luta histórico-universal; não só a França, mas toda a Europa treme diante do terremoto de junho, ao passo que as sucessivas derrotas das classes mais altas custam tão pouco que só o exagero descarado do partido vitorioso pode fazê-las passar por acontecimentos, e são tanto mais ignominiosas quanto mais longe do proletariado está o partido derrotado.

A derrota dos insurretos de junho preparara e aplainara, indubitavelmente, o terreno sobre a qual a república burguesa podia ser fundada e edificada, mas demonstrara ao mesmo tempo que na Europa as questões em foco não eram apenas de "república ou monarquia". Revelara que aqui *república burguesa* significava o despotismo ilimitado de uma classe sobre as outras. Provara que em países de velha civilização, com uma estrutura de classes desenvolvida, com condições modernas de produção, e com uma consciência intelectual na qual todas as idéias tradicionais se dissolveram pelo trabalho de séculos — *a república significava geralmente apenas a forma política da revolução da sociedade burguesa* e não sua *forma conservadora de vida*, como, por exemplo, nos Estados

Unidos da América, onde, embora já existam classes, estas ainda não se fixaram, trocando ou permutando continuamente os elementos que as constituem em um fluxo contínuo, onde os modernos meios de produção, em vez de coincidir com uma superpopulação crônica, compensam, pelo contrário, a relativa escassez de cabeças e de braços, e onde, finalmente, o febril movimento juvenil da produção material, que tem um novo mundo para conquistar, não deixou nem tempo nem oportunidade de abolir a velha ordem de coisas.

Durante as jornadas de junho todas as classes e partidos se haviam congregado no *partido da ordem*, contra a classe proletária, considerada como o *partido da anarquia*, do socialismo, do comunismo. Tinham "salvado" a sociedade dos "inimigos da sociedade". Tinham dado como senhas a seu exército as palavras de ordem da velha sociedade — "propriedade, família, religião, ordem" — e proclamado aos cruzados da contra-revolução: "Sob este signo vencerás!" A partir desse instante, tão logo um dos numerosos partidos que se haviam congregado sob esse signo contra os insurretos de junho tenta assenhorear-se do campo de batalha revolucionário em seu próprio interesse de classe, sucumbe ante o grito: "Propriedade, família, religião, ordem". A sociedade é salva tantas vezes quantas se contrai o círculo de seus dominadores e um interesse mais exclusivo se impõe ao mais amplo. Toda reivindicação, ainda que da mais elementar reforma financeira burguesa, do liberalismo mais corriqueiro, do republicanismo mais formal, da democracia mais superficial, é simultaneamente castigada como um "atentado à sociedade" e estigmatizada como "socialismo". E, finalmente, os próprios pontífices da "religião e da ordem" são derrubados a pontapés de seus trípodes píticos, arrancados de seu leito na calada da noite, atirados em carros celulares, lançados em masmorras ou mandados para o exílio; seu templo é totalmente arrasado, sua boca trancada, suas penas[7] quebradas, sua lei reduzida a frangalhos em nome da religião, da propriedade, da família e da ordem. Os burgueses fanáticos pela ordem são mortos a tiros nas sacadas de sua janela por bandos de soldados embriagados, a santidade do seu lar é profanada, e sua casa é bombardeada como diversão em nome da propriedade, da família, da religião e da

[7] Pena de escrever, conforme era o uso da época. (N. da E. bras.)

ordem. Finalmente, a ralé da sociedade burguesa constitui a *sagrada falange da ordem* e o herói Crapulinski[8] se instala nas Tulherias como o "salvador da sociedade".

[8] Trata-se do herói do poema de Heine, "Dois cavaleiros". Nesse personagem Heine leva a ridículo os nobres poloneses estróinas (*Crapulinski* vem da palavra francesa *crapule* = canalha, devasso). Marx alude aqui a Luís Bonaparte. (N. do E.)

Capítulo II

Retomemos o fio dos acontecimentos.

A história da *Assembléia Nacional Constituinte* a partir das jornadas de junho é a *história do domínio e da desagregação da fração republicana da burguesia*, da fração conhecida pelos nomes de republicanos tricolores, republicanos puros, republicanos políticos, republicanos formalistas, etc.

Sob a monarquia burguesa de Luís Filipe, essa fração formara a *oposição* republicana *oficial* e era, conseqüentemente, parte integrante reconhecida do mundo político de então. Tinha seus representantes nas Câmaras e uma considerável esfera de ação na imprensa. Seu órgão parisiense, o *National*, era considerado tão respeitável, em seu gênero, como o *Journal des Débats*. Seu caráter correspondia à posição que ocupava sob a monarquia constitucional. Não era uma fração da burguesia unida por grandes interesses comuns e destacadas das outras por condições específicas de produção. Era um grupo de burgueses de idéias republicanas — escritores, advogados, oficiais e funcionários de categoria que deviam sua influência às antipatias pessoais do país contra Luís Filipe, à memória da velha república, à fé republicana de um grupo de entusiastas, e sobretudo ao *nacionalismo francês*, cujo ódio aos acordos de Viena e à aliança com a Inglaterra eles atiçavam constantemente. Grande parte dos partidários com que contava o *National* durante o governo de Luís Filipe era devida a esse imperialismo camuflado, que pôde conseqüentemente enfrentá-lo mais tarde, durante a república, como um inimigo mortal na pessoa de Luís

Bonaparte. Combatia a aristocracia financeira da mesma forma que todo o resto da oposição burguesa. As polêmicas contra o orçamento, que estavam, na França, estreitamente ligadas à luta contra a aristocracia financeira, proporcionavam uma popularidade demasiado barata e material para editoriais puritanos demasiado abundante para não ser explorado. A burguesia industrial estava-lhe agradecida por sua servil defesa do sistema protecionista francês, que ele aceitava, porém, mais por razões nacionais do que no interesse da economia nacional; a burguesia, como um todo, estava-lhe agradecida por suas torpes denúncias contra o comunismo e o socialismo. Quanto ao mais, o partido do *National* era *puramente republicano*, ou seja, exigia que a dominação burguesa adotasse formas republicanas em vez de monárquicas e, principalmente, exigia a parte do leão nesse domínio. Relativamente às condições dessa transformação, não tinha um plano claro de ação. O que, pelo contrário, parecia-lhe claro como a luz do dia e era publicamente admitido nos banquetes reformistas dos últimos tempos do reinado de Luís Filipe era a sua impopularidade entre os democratas pequeno-burgueses e, em particular, perante o proletariado revolucionário. Esses republicanos puros — os republicanos puros são assim — estavam já a ponto de se contentar no momento com a regência da duquesa de Orléans, quando irrompeu a Revolução de Fevereiro e seus representantes mais conhecidos foram apontados para postos no governo provisório. Desde o início contavam, naturalmente, com o apoio da burguesia e com a maioria na Assembléia Nacional Constituinte. Elementos *socialistas* do governo provisório foram imediatamente excluídos da Comissão Executiva formada pela Assembléia Nacional por ocasião de sua instalação, e o partido do *National* aproveitou a deflagração da insurreição de junho para dissolver também a *Comissão Executiva*, e livrar-se assim de seus rivais mais próximos, os *republicanos pequeno-burgueses* ou *republicanos democratas* (Ledru-Rollin, etc.). Cavaignac, o general do partido republicano burguês que comandara a batalha de junho, tomou o lugar da Comissão Executiva, com poderes quase ditatoriais. Marrast, ex-redator-chefe do *National*, tornou-se o presidente perpétuo da Assembléia Nacional Constituinte, e os ministérios, bem como todos os demais postos importantes, caíram em mãos dos republicanos puros.

A fração republicano-burguesa, que há muito se considerava a herdeira legítima da monarquia de julho, viu assim excedidas suas mais caras esperanças; alcançou o poder, não, porém, como sonhara, sob o governo de Luís Filipe, por meio de uma revolta liberal da burguesia contra o trono, e sim por meio de um levante do proletariado contra o capital, levante esse que foi sufocado a tiros de canhão. O que imaginara como o acontecimento *mais contra-revolucionário*. O fruto caiu-lhe nas mãos, mas caído da árvore do conhecimento e não da árvore da vida.

O *domínio* exclusivo dos *republicanos burgueses* durou apenas de 24 de junho a 10 de dezembro de 1848. Resumiu-se na *elaboração da Constituição republicana* e na proclamação do *estado de sítio em Paris*.

A nova *Constituição* era, no fundo, apenas a reedição, em forma republicana, da Carta constitucional de 1830. O limitado cadastro eleitoral da monarquia de julho, que excluía do domínio político mesmo uma grande parte da burguesia, era incompatível com a existência da república burguesa. Em vez dessas restrições, a Revolução de Fevereiro proclamara imediatamente o sufrágio universal e direto. Os republicanos burgueses não puderam desfazer esse ato. Tiveram de se contentar com acrescentar uma cláusula instituindo a obrigatoriedade de pelo menos seis meses de residência no distrito eleitoral. A velha organização da administração, do sistema municipal, do sistema jurídico, militar, etc., permaneceu intacta ou, onde foi modificada pela Constituição, a modificação atingia o rótulo, não o conteúdo, o nome, não a coisa em si.

O inevitável estado-maior das liberdades de 1848, a liberdade pessoal, a liberdade de imprensa, de palavra, de associação de reunião, de educação, de religião, etc., receberam um uniforme constitucional que as fez invulneráveis. Com efeito, cada uma dessas liberdades é proclamada como direito *absoluto* do cidadão francês, mas sempre acompanhada da restrição à margem, no sentido de que é ilimitada desde que não esteja limitada pelos "direitos iguais dos outros e pela segurança pública" ou por "leis" destinadas a restabelecer precisamente essa harmonia das liberdades individuais entre si e com a segurança pública. Por exemplo: "Os cidadãos gozam do direito de associação, de reunir-se pacificamente e desarmados, de formular petições e de expressar suas opiniões, quer pela imprensa, quer por qualquer outro modo. *O gozo desses direitos não sofre nenhuma restrição, salvo as impostas pelos direitos iguais dos outros e pela segurança pública*" (Capítulo II, parágrafo 8, da Constituição Francesa). "O ensino é livre. A liberdade de ensino será exercida dentro das condições estabelecidas pela lei e sob o supremo controle do Estado" (Ibidem, parágrafo 9). "O domicílio de todos os cidadãos é inviolável, exceto nas condições prescritas na lei" (Capítulo II, parágrafo 3). Etc., etc. A Constituição, por conseguinte, refere-se constantemente a futuras leis *orgânicas* que deverão pôr em prática aquelas restrições e regular o gozo dessas liberdades irrestritas de maneira que não colidam nem entre si nem com a segurança pública. E mais tarde essas leis orgânicas foram promulgadas pelos amigos da ordem e todas aquelas liberdades foram regulamentadas de tal maneira que a burguesia, no gozo delas, se encontra livre de interferência por parte dos direitos iguais das outras classes. Onde são vedadas inteiramente essas liberdades "aos outros" ou permitido o seu gozo sob condições que não passam de armadilhas policiais, isto é feito sempre apenas no interesse da "segurança pública", isto é, da segurança da burguesia, como prescreve a Constituição. Como resultado, ambos os lados invocam devidamente, e com pleno direito, a Constituição: os amigos da ordem, que *ab-rogam* todas essas liberdades, e os democratas, que as reivindicam. Pois cada parágrafo da Constituição encerra sua própria antítese, sua própria Câmara Alta e Câmara Baixa, isto é, liberdade na frase geral, *ab-rogação* da liberdade na nota à margem. Assim, desde que o *nome* da liberdade seja respeitado e impedida apenas a sua realização efetiva — de acordo com a lei, naturalmente —, a existência constitucional da liberdade permanece intacta, inviolada, por mais mortais que sejam os golpes assestados contra sua existência *na vida real*.

Essa Constituição, tornada inviolável de maneira tão engenhosa, era, contudo, como Aquiles, vulnerável em um ponto; não no calcanhar, mas na cabeça, ou por outra, nas duas cabeças em que se constituiu: de um lado, a *Assembléia Legislativa*, de outro, o *presidente*. Um exame da Constituição revelará que só os parágrafos onde é definida a relação do presidente com a Assembléia Legislativa são absolutos, positivos, não contraditórios, e sem tergiversação possível. Pois os republicanos burgueses tratavam, aqui, de garantir sua posição. Os parágrafos 45 a 70 da Constituição acham-se redigidos de tal maneira que a Assembléia Nacional tem poderes constitucionais para afastar o presidente, ao passo que este só inconstitucionalmente pode dissolver a Assembléia Nacional, suprimindo a própria Constituição. Ela mesma provoca, portanto, a sua violenta destruição. Não só consagra a divisão dos poderes, tal como a Carta de 1830, como a amplia a ponto de transformá-la em uma contradição insustentável. O *jogo dos poderes constitucionais*, como Guizot denominava as contendas parlamentares entre o Poder Legislativo e o Executivo, é, na Constituição de 1848, constantemente jogado *va-banque*[1]. De um lado estão 750 representantes do povo, eleitos por sufrágio universal e reelegíveis; constituem uma Assembléia Nacional incontrolável, indissolúvel, indivisível, uma Assembléia Nacional que desfruta de onipotência legislativa, decide em última instância sobre as questões de guerra, de paz e tratados comerciais, possui, só ela, o direito de anistia e, por seu caráter permanente, ocupa perpetuamente o proscênio. Do outro lado está o presidente, com todos os atributos do poder real, com autoridade para nomear e exonerar seus ministros independentemente da Assembléia Nacional, com todos os recursos do Poder Executivo em suas mãos, distribuindo todos os postos e dispondo, assim, na França, da existência de pelo menos 1,5 milhão de pessoas, pois tantos são os que dependem das 500 mil autoridades e funcionários de todas as categorias. Tem atrás de si todo o poder das Forças Armadas. Goza do privilégio de conceder indulto individual aos criminosos, suspender a Guarda Nacional, destruir, com o beneplácito do Conselho de Estado, os conselhos gerais, cantonais e municipais eleitos pelos próprios cidadãos. A iniciativa e a direção de todos os tratados com países estrangeiros são faculdades reservadas a ele. Enquanto a Assembléia permanece constantemente em cena exposta às críticas da opinião pública, o presidente leva uma vida oculta nos Campos Elíseos, com o Artigo 45 da Constituição diante dos olhos e gravado no coração, a gritar-lhe diariamente: "*Frére, il faut mourir!*[2] Teu poder cessa no segundo domingo do lindo mês de maio, no quarto ano após a tua eleição! Tua glória terminará então, a peça não é representada duas vezes, e se tens dívidas, cuida a tempo de saldá-las com os 600 mil francos que a Constituição te concede, a menos que prefiras ser recolhido a Clichy[3] na segunda-feira seguinte ao segundo domingo do lindo mês de maio!" — Assim, enquanto a Constituição outorga poderes efetivos ao presidente, procura garantir para a Assembléia Nacional

---

[1] Apostar tudo o que se tem. (N. do E.)

[2] Irmãos, tens de morrer! (N. do E.)

[3] Cárcere dos devedores. (N. do E.)

o poder moral. À parte o fato de que é impossível criar um poder moral mediante os parágrafos de uma lei, a Constituição mais uma vez se anula ao dispor que o presidente seja eleito por todos os franceses, pelo sufrágio direto. Enquanto os votos da França são divididos entre os 750 membros da Assembléia Nacional, são aqui, pelo contrário, concentrados em um único indivíduo. Enquanto cada representante do povo representa apenas este ou aquele partido, esta ou aquela cidade, esta ou aquela cabeça de ponte, ou até mesmo a mera necessidade de eleger algum dos 750 candidatos, sem levar na devida consideração nem a causa nem o homem, *ele* é o eleito da nação, e o ato de sua eleição é o trunfo que o povo soberano lança uma vez em cada quatro anos. A Assembléia Nacional eleita está em relação metafísica com a nação, ao passo que o presidente eleito está em relação pessoal com ela. A Assembléia Nacional exibe realmente, em seus representantes individuais, os múltiplos aspectos do espírito nacional, enquanto no presidente esse espírito nacional encontra a sua encarnação. Em comparação com a Assembléia, ele possui uma espécie de direito divino; é presidente pela graça do povo.

Tétis, a deusa do mar, profetizara a Aquiles que ele morreria na flor da juventude. A Constituição que, como Aquiles, tinha seu ponto fraco, tinha também como Aquiles o pressentimento de que morreria cedo. Bastava que os republicanos puros empenhados na elaboração da Constituição baixassem o olhar do paraíso de sua república ideal e olhassem este mundo profano, para perceberem como a arrogância dos monarquistas, dos bonapartistas, dos democratas, dos comunistas, bem como seu próprio descrédito, cresciam diariamente à medida que sua grande obra de arte legislativa chegava ao término, sem que para isso Tétis tivesse de sair do mar e vir comunicar-lhes o seu segredo. Tentaram fugir ao destino por meio de um dispositivo constitucional, o parágrafo 111, segundo o qual toda moção visando à *revisão da Constituição* tinha de ser apoiada pelo menos por três quartos dos votantes, em três debates sucessivos, entre os quais devia haver sempre um mês de intervalo, e que exigia ademais, que pelo menos 500 membros da Assembléia Nacional participassem da votação. Com isso fizeram apenas a tentativa desesperada de exercer — como minoria a que profeticamente já se viam reduzidos — um poder que naquele momento, quando dispunham de maioria parlamentar e de todos os recursos da autoridade governamental, escapava-lhes dia a dia das mãos.

Finalmente a Constituição, em um parágrafo melodramático, se confia "à vigilância e ao patriotismo de todo o povo francês e de cada cidadão francês", depois de ter anteriormente confiado os "vigilantes" e "patriotas", em um outro parágrafo, aos cuidados mais ternos e dedicados da Alta Corte de Justiça, a *Haute Court*, expressamente criada para isso.

Esta era a Constituição de 1848, que a 2 de dezembro de 1851 não foi derrubada por uma cabeça, mas caiu por terra ao contato de um simples chapéu; esse chapéu, evidentemente, era um tricórnio napoleônico.

Enquanto os republicanos burgueses se entretinham, na Assembléia, em criar, discutir e votar essa Constituição, fora da Assembléia Cavaignac mantinha o *estado de sítio em Paris* O estado de sítio foi a parteira da Assembléia Constituinte em seus trabalhos de criação republicana. Se a Constituição foi subseqüentemente liquidada por meio de baionetas, é preciso não esquecer que foi também por baionetas, e estas voltadas contra o povo, que teve de ser protegida no ventre materno e trazida ao mundo. Os precursores dos "respeitáveis republicanos" haviam mandado seu símbolo, a bandeira tricolor, em uma excursão pela Europa. Eles próprios, por sua vez, produziram um invento que percorreu todo o Continente, mas que retornava à França com amor sempre renovado, até que agora adquirira carta de cidadania na metade de seus departamentos — *o estado de sítio*. Um invento esplêndido, empregado periodicamente em todas as crises ocorridas durante a Revolução Francesa. O quartel e o bivaque, porém, que eram assim postos periodicamente sobre a cabeça da sociedade francesa a fim de comprimir-lhe o cérebro e reduzi-la à passividade; o sabre e o mosquetão, aos quais era periodicamente permitido desempenhar o papel de juízes e administradores, de tutores e censores, brincar de polícia e servir de guarda-noturno; o bigode e o uniforme, periodicamente proclamados como a mais alta expressão da sabedoria da sociedade e como seus guardiães — não deviam acabar forçosamente o quartel e o bivaque, o sabre e o mosquetão, o bigode e o uniforme, tendo a idéia de salvar a sociedade de uma vez para sempre, proclamando seu próprio regime como a mais alta forma de governo e libertando completamente a sociedade civil do trabalho de governar a si mesma? O quartel e o bivaque, o sabre e o mosquetão, o bigode e o uniforme tinham forçosamente de acabar tendo essa idéia, com tanto mais razão quanto poderiam então esperar também melhor recompensa por esses serviços mais importantes, ao passo que, através de um mero estado de sítio periódico e de passageiros salvamentos da sociedade a pedido desta ou daquela fração burguesa, conseguiam pouca coisa de sólido, exceto alguns mortos e feridos e algumas caretas amigáveis por parte dos burgueses. Não deveriam finalmente os militares jogar um dia o estado de sítio em seu próprio interesse e em seu próprio benefício, sitiando ao mesmo tempo as bolsas burguesas? Além disso, seja dito de passagem, é preciso não esquecer que o *Coronel Bernard*, o mesmo presidente da comissão militar que, sob Cavaignac, ajudara a deportar sem julgamento 15 mil insurretos, estava novamente à frente das comissões militares que atuavam em Paris.

Se, com o estado de sítio na capital francesa, os respeitáveis e puros republicanos plantaram o viveiro em que haviam de crescer os pretorianos do 2 de dezembro de 1851, são, por outro lado, dignos de louvor porque, em vez de exagerarem o sentimento nacional, como foi o caso de Luís Filipe, agora que dispunham do poder nacional, rastejavam diante dos países estrangeiros e, em vez de libertar a Itália, deixaram que fosse reconquistada pelos austríacos e napolitanos. A eleição de Luís Bonaparte como presidente, em 10 de dezembro de 1848, pôs fim à ditadura de Cavaignac e à Assembléia Constituinte.

O parágrafo 44 da Constituição declara: "O presidente da República Francesa não deverá ter perdido nunca sua cidadania francesa". O primeiro presidente da República Francesa, L. N. Bonaparte, tinha não só perdido sua cidadania francesa, não só fora um agente especial dos ingleses, mas era até naturalizado suíço.

Tratei em outra passagem do significado da eleição de 10 de dezembro. Não voltarei ao assunto aqui. Será suficiente observar que foi uma *reação dos camponeses*, que tinham tido de pagar as custas da Revolução de Fevereiro, contra as demais classes da nação, uma *reação do campo contra a cidade*. Essa reação encontrou grande apoio no exército, ao qual os republicanos do *National* não haviam dado nem glória nem remuneração adicional, entre a alta burguesia, que saudou Bonaparte como uma ponte para a monarquia, entre os proletários e pequeno-burgueses, que o saudaram como um flagelo para Cavaignac. Terei oportunidade mais adiante de examinar mais detalhadamente a relação dos camponeses com a Revolução Francesa.

O período compreendido de 20 de dezembro de 1848 à dissolução da Assembléia Constituinte em maio de 1849 abrange a história do ocaso dos republicanos burgueses. Após terem fundado uma república para a burguesia, expulsado do campo de luta o proletariado revolucionário e reduzido momentaneamente ao silêncio a pequena burguesia democrática, são eles mesmos postos de lado pela massa da burguesia, que com justa razão reclama essa república como *sua propriedade*. Essa massa era, porém, monárquica. Parte dela, os grandes latifundiários, dominara durante a *Restauração* e era, portanto, *legitimista*. A outra parte, os aristocratas da finança e os grandes industriais, havia dominado durante a Monarquia de Julho e era, conseqüentemente, *orleanista*. Os altos dignitários do exército, da universidade, da Igreja, da Justiça, da academia e da imprensa podiam ser encontrados dos dois lados, embora em proporções várias. Aqui, na república burguesa, que não ostentava nem o nome de *Bourbon* nem o nome de *Orléans*, e sim o nome de *Capital*, haviam encontrado a forma de governo na qual podiam governar *conjuntamente*. A insurreição de junho já os unira no "partido da ordem". Era agora necessário, em primeiro lugar, afastar o núcleo de republicanos burgueses que ocupavam ainda as cadeiras da Assembléia Nacional. Na mesma proporção em que esses republicamos puros haviam sido brutais em seu emprego da força física contra o povo, eram agora covardes, dissimulados, desanimados e incapazes de lutar na hora da retirada, quando se tratava de assegurar seu republicanismo e seus direitos legislativos contra o Poder Executivo e os monarquistas. Não preciso relatar aqui a história ignominiosa de sua dissolução. Não sucumbiram; desapareceram. Sua história terminou para sempre, e tanto dentro como fora da Assembléia figuram no período seguinte apenas como recordações, recordações que parecem reviver sempre que o mero nome *república* está novamente em causa e sempre que o conflito revolucionário ameaça descer ao nível mais baixo. Posso observar de passagem que o jornal que deu seu nome a esse partido, o *National*, foi convertido ao socialismo no período seguinte.

Antes de terminarmos com esse período precisamos ainda lançar um olhar retrospectivo aos dois poderes, um dos quais aniquilou o outro a 2 de dezembro de 1848 até a dissolução da Assembléia Constituinte. Referimo-nos a Luís Bonaparte, de um lado, e ao partido dos monarquistas coligados, o partido da ordem, da alta burguesia, do outro. Ao ascender à presidência Bonaparte formou imediatamente um Ministério com base no partido da ordem, à frente do qual pôs Odilon Barrot, o velho dirigente, *nota bene*, da fração mais liberal da burguesia parlamentar. O Sr. Barrot havia finalmente conseguido a pasta ministerial cujo espectro o perseguia desde 1830 e, melhor ainda, a chefia do Ministério; não, todavia, como imaginara sob Luís Filipe, como o dirigente mais avançado da oposição parlamentar, mas sim com a tarefa de liquidar um Parlamento e como aliado dos seus piores inimigos, os jesuítas e os legitimistas. Trouxe finalmente a noiva para casa, mas só depois de prostituída. O próprio Bonaparte parecia ter-se apagado completamente. Esse partido agia por ele.

Logo na primeira reunião do conselho de ministros foi resolvida a expedição a Roma que, concordou-se, seria feita à revelia da Assembléia Nacional, da qual seriam arrancadas as verbas necessárias sob falsos pretextos. Assim, começaram burlando a Assembléia Nacional e conspirando secretamente com os poderes absolutistas do estrangeiro contra a república romana revolucionária. Foi do mesmo modo e por meio das mesmas manobras que Bonaparte preparou o seu golpe do 2 de Dezembro contra o Legislativo realista e sua República Constitucional. É preciso não esquecer que o mesmo partido que formou o Ministério de Bonaparte a 20 de dezembro de 1848 constituía a maioria da Assembléia Nacional Legislativa a 2 de dezembro de 1851.

Em agosto a Assembléia Constituinte decidira só se dissolver depois de ter elaborado e promulgado toda uma série de leis orgânicas que deveriam complementar a Constituição. A 6 de janeiro de 1849 o partido da ordem fez que um deputado de nome Rateau apresentasse moção propondo que a Assembléia interrompesse a discussão das leis orgânicas e decidisse sobre *sua própria dissolução*. Não só o Ministério, chefiado por Odilon Barrot, mas todos os membros monarquistas da Assembléia Nacional, indicaram nesse momento, em termos imperiosos, que a dissolução era necessária para a restauração do crédito, para a consolidação da ordem, para pôr fim aos indefinidos arranjos provisórios e estabelecer uma situação definitiva; que a Assembléia impedia a atuação do novo governo e procurava prolongar sua existência apenas com intuitos malévolos; que o país estava farto dela. Bonaparte tomou nota de todas essas invectivas contra o Poder Legislativo, aprendeu-as de cor e a 2 de dezembro de 1851 demonstrou aos parlamentares monarquistas que havia aproveitado a lição. Voltou contra eles seus próprios argumentos.

O Ministério Barrot e o partido da ordem foram mais longe. Fizeram que de toda a França fossem dirigidas *petições à Assembléia Nacional*, nas quais se requeria amavelmente que levantasse acampamento. Levaram, assim, as massas desorganizadas do povo à luta contra a Assembléia Nacional, expressão constitucionalmente organizada do povo. Ensinaram Bonaparte a apelar para o povo contra as assembléias parlamentares. Finalmente, a 29 de janeiro de 1849, chegou o dia no qual a Assembléia Constituinte deveria decidir sua própria dissolução. Encontrou o edifício em que se realizavam suas sessões ocupado pelos militares; Changarnier, o general do partido da ordem, em cujas mãos se concentrava o comando supremo da Guarda Nacional e das tropas de linha, realizou em Paris uma grande revista de tropas, como se uma batalha estivesse iminente, e os monarquistas coligados declararam ameaçadoramente à Assembléia Constituinte que seria empregada a forca caso ela se mostrasse pouco dócil. A Assembléia mostrou-se dócil e ganhou apenas o brevíssimo período adicional de vida que negociara. Que foi o 29 de Janeiro senão o *golpe de Estado* de 2 de dezembro de 1851, realizado desta vez pelos monarquistas juntamente com Bonaparte contra a Assembléia Nacional republicana? Esses senhores não perceberam, ou não quiseram perceber, que Bonaparte se valeu do 29 de Janeiro de 1849 para fazer que uma parte das tropas desfilasse diante dele nas Tulherias e aproveitou avidamente essa primeira convocação do poder militar contra o poder parlamentar para evocar Calígula. Eles, naturalmente, viam apenas o seu Changarnier.

Um dos motivos que levaram especialmente o partido da ordem a encurtar pela força a duração da vida da Assembléia Constituinte foram as leis *orgânicas* suplementares à Constituição, tais como a lei do ensino, a lei sobre o culto religioso, etc. Para os monarquistas coligados, era da maior importância que eles próprios elaborassem essas leis, evitando que fossem feitas pelos republicanos que já se mostravam desconfiados. Entre essas leis orgânicas, entretanto, havia também uma lei regulamentando as responsabilidades do presidente da República. Em 1851 a Assembléia Legislativa ocupava-se precisamente da redação dessa lei quando Bonaparte impediu esse *golpe* com o *golpe* de 2 de dezembro. Que não teriam dado os monarquistas coligados em sua campanha parlamentar de inverno de 1851 para terem à mão já pronta esta Lei sobre a Responsabilidade Presidencial e elaborada, ademais, por uma Assembléia republicana desconfiada e hostil!

Depois que a Assembléia Constituinte havia ela própria desmantelado sua última arma a 29 de janeiro de 1849, o Ministério Barrot e os amigos da ordem perseguiram-na até a morte, não deixaram por fazer nada que pudesse humilhá-la e arrancaram de sua desesperada debilidade leis que custaram o derradeiro resquício de respeito aos olhos do público. Bonaparte, ocupado com sua idéia fixa napoleônica, foi suficientemente atrevido para explorar publicamente essa degradação do poder parlamentar. Pois quando a 8 de maio de 1849 a Assembléia Nacional aprovou um voto de censura do Ministério em vista da ocupação de Civitavecchia por Oudinot e ordenou-lhe que reduzisse a expedição romana ao objetivo proposto, Bonaparte na mesma noite publicou no *Moniteur* uma carta a Oudinot, na qual o congratulava por suas proezas heróicas e, em contraste com os escribas parlamentares, assumiu já a pose de generoso protetor do exército. Isso provocou sorrisos dos monarquistas que o consideravam apenas como enganado por eles. Finalmente, quando Marrast, o presidente da Assembléia Constituinte, acreditou por um momento que a segurança da Assembléia Nacional estava em perigo e, confiando na Constituição, requisitou um coronel com seu regimento, o coronel negou-se a atender, invocou a disciplina e recomendou que Marrast apelasse para Changarnier; este repeliu com desprezo o pedido, observando que não gostava de *baionetas inteligentes*. Em novembro de 1851, quando os monarquistas coligados quiseram iniciar a luta decisiva contra Bonaparte, tentaram introduzir por meio de seu célebre *Projeto dos Questores* o princípio da requisição direta de tropas pelo presidente da Assembléia Nacional. Um de seus generais, Leflô, subscrevera o projeto. Em vão Changarnier votou a favor da proposta e Thiers rendeu homenagem à previdência da antiga Assembléia Constituinte. O *ministro da Guerra*, *Saint-Arnaud*, respondeu-lhe como Changarnier respondera a Marrast — o que lhe valeu a aclamação da Montanha!

Foi assim que o próprio *partido da ordem*, quando não constituía ainda a Assembléia Nacional, quando era ainda apenas o Ministério, estigmatizou o *regime parlamentar*. E brada aos céus quando o 2 de Dezembro de 1851 baniu esse regime da França!

Capítulo III

A Assembléia Legislativa Nacional reuniu-se a 28 de maio de 1849. A 2 de dezembro de 1851 foi dissolvida. Esse período cobre a vida efêmera da *república constitucional* ou *república parlamentar*.

Na primeira Revolução Francesa o domínio dos *constitucionalistas* é seguido do domínio dos *girondinos* e o domínio dos *girondinos* pelo dos *jacobinos*. Cada um desses partidos se apóia no mais avançado. Assim que impulsiona a revolução o suficiente para se tornar incapaz de levá-la mais além, e muito menos de marchar à sua frente, é posto de lado pelo aliado mais audaz que vem atrás e mandado à guilhotina. A Revolução move-se, assim, ao longo de uma linha ascensional.

Com a Revolução de 1848 dá-se o inverso O partido proletário aparece como um apêndice do partido pequeno-burguês democrático. É traído e abandonado por esse a 16 de abril, a 15 de maio e nas jornadas de junho. O partido democrata, por sua vez, se apóia no partido republicano burguês. Assim que consideram firmada a sua posição, os republicanos burgueses desvencilham-se do companheiro inoportuno e apóiam-se sobre os ombros do partido da ordem. O partido da ordem ergue os ombros fazendo cair aos trambolhões os republicanos burgueses e atira-se, por sua vez, nos ombros das Forças Armadas. Imagina manter-se ainda sobre estes ombros militares, quando, um belo dia, percebe que se transformaram em baionetas. Cada partido ataca por trás aquele que procura empurrá-lo para a frente e apóia-se pela frente naquele que o empurra para trás. Não é de admirar que nessa postura ridícula perca o equilíbrio e, feitas as inevitáveis caretas, caia por terra em estranhas cabriolas. A revolução move-se, assim, em linha descendente. Encontra-se nesse estado de movimento regressivo antes mesmo de ser derrubada a última barricada de fevereiro e constituído o primeiro órgão revolucionário.

O período que temos diante de nós abrange a mais heterogênea mistura de contradições clamorosas: constitucionalistas que conspiram abertamente contra a Constituição; revolucionários declaradamente constitucionalistas; uma Assembléia Nacional que quer ser onipotente e permanece sempre parlamentar; uma Montanha que encontra sua vocação na paciência e se consola de suas derrotas atuais com profecias de vitórias futuras; realistas que são *patres conscripti*[1] da república e que são forçados pela situação a manter no estrangeiro as casas reais hostis, de que são partidários, e a manter na França a república que odeiam; um Poder Executivo que encontra sua força em sua própria debilidade e sua respeitabilidade no desprezo que inspira; uma república que nada mais é do que a infâmia combinada de duas monarquias, a Restauração e a Monarquia de Julho, com rótulo imperialista; alianças cuja primeira cláusula é a separação; lutas cuja primeira lei é a indecisão; agitação desenfreada e desprovida de sentido em nome da tranqüilidade, os mais solenes sermões sobre a tranqüilidade em nome da Revolução; paixões sem verdade, verdades sem paixões, heróis sem feitos heróicos, história sem acontecimentos; desenvolvimento cuja única força propulsora parece ser o calendário, fatigante pela constante repetição das mesmas tensões e relaxamentos; antagonismos que parecem evoluir periodicamente para um clímax, unicamente para se embotarem e desaparecer sem chegar a resolver-se; esforços pretensiosamente ostentados e terror filisteu ante o perigo de o mundo acabar-se, e ao mesmo tempo as intrigas mais mesquinhas e comédias palacianas representadas pelos salvadores do mundo que, em seu *laisser aller*[2], recordam mais do que o dia do juízo final os tempo da Fronda — o gênio coletivo oficial da França reduzido a zero pela estupidez astuciosa de um único indivíduo; a vontade

---

[1] Senadores romanos. (N. do E.)

[2] Deixar os acontecimentos seguirem seu curso. (N. do E.)

coletiva da nação, sempre que se manifesta por meio do sufrágio universal, buscando sua expressão adequada nos inveterados inimigos dos interesses das massas, até que finalmente a encontra na obstinação de um flibusteiro. Se existe na história do mundo um período sem nenhuma relevância, é este. Os homens e os acontecimentos aparecem como Schlemihl[3] invertidos, como sombras que perderam seus corpos. A Revolução paralisa seus próprios portadores, e dota apenas os adversários de uma força apaixonada. Quando o "espectro vermelho", continuamente conjurado e exorcizado pelos contra-revolucionários, finalmente aparece, não traz à cabeça o barrete frígio da anarquia, mas enverga o uniforme da ordem, os *culotes vermelhos*.

Vimos que o Ministério nomeado por Bonaparte, no dia de sua ascensão, 20 de dezembro de 1848, era um Ministério do partido da ordem, da coligação legimitista e orleanista. Esse ministério Barrot-Falloux sobrevivera à Assembléia Constituinte republicana, cujo termo de vida cortara de um modo mais ou menos violento, e encontrava-se ainda ao leme. Changarnier, o general dos monarquistas coligados, continuou a reunir em sua pessoa o comando geral da Primeira Divisão do Exército e da Guarda Nacional de Paris. Finalmente, as eleições gerais haviam assegurado ao partido da ordem uma ampla maioria na Assembléia Nacional. Os deputados e pares de Luís Filipe defrontaram-se aqui com uma hoste sagrada de legitimistas, para os quais muitos dos votos da nação haviam-se transformado em cartões de ingresso para o teatro político. A representação bonapartista era por demais escassa para poder formar um partido parlamentar independente. Aparecia apenas como *mauvaise queue*[4] do partido da ordem. O partido da ordem encontrava-se, assim, de posse do poder governamental, do exército e do Poder Legislativo, em suma, de todo o poder estatal; fora moralmente fortalecido pelas eleições gerais, que fizeram aparecer o seu domínio como a expressão da vontade do povo, e pelo simultâneo triunfo da contra-revolução em todo o continente europeu.

---

[3] Herói do *Peter Schlemihl*, de Adalbert Von Chamisso. Peter Schlemihl vendeu sua sombra por riquezas, pondo-se depois a procurá-la pelo mundo. (N. do E.)

[4] Apêndice ruim. (N. do E.)

Nunca um partido iniciou sua campanha com tantos recursos ou sob auspícios tão favoráveis.

Os *republicanos puros* naufragados verificaram que estavam reduzidos a um grupo de cerca de 50 homens na Assembléia Legislativa Nacional, chefiados pelos generais africanos Cavaignac, Lamoricière e Bedeau. O grande partido da oposição, entretanto, era constituído pela Montanha: o partido *social-democrata* adotara no Parlamento este nome de batismo. Comandava mais de 200 dos 750 votos da Assembléia Nacional e era, por conseguinte, pelo menos tão poderoso quanto qualquer das três frações do partido da ordem tomadas isoladamente. Sua inferioridade numérica em comparação com toda a coligação monarquista parecia estar compensada por circunstâncias especiais. Não só as eleições departamentais demonstraram que ele havia conquistado um número considerável de partidários entre a população rural como contava em suas fileiras com quase todos os deputados eleitos por Paris; o exército fizera profissão de fé democrática elegendo três suboficiais, e o líder da Montanha, Ledru-Rollin, em contraste com todos os representantes do partido da ordem, fora elevado à nobreza parlamentar por cinco departamentos, que haviam concentrado nele a sua votação. Em vista dos inevitáveis choques entre os monarquistas e de todo o partido da ordem com Bonaparte, a 28 de maio de 1849 a Montanha parecia ter diante de si todos os elementos de êxito. Quinze dias depois perdia tudo, inclusive a honra.

Antes de prosseguirmos com a história parlamentar dessa época tornam-se necessárias algumas observações a fim de evitar as concepções errôneas tão comuns a respeito do caráter geral da época que temos diante de nós. Aos olhos dos democratas, o período da Assembléia Legislativa Nacional caracterizava-se pelo mesmo problema vivido durante a Assembléia Constituinte: a simples luta entre republicanos e monarquistas. Resumiam, entretanto, o movimento propriamente dito em uma só palavra: "reação" — noite em que todos os gatos são pardos e que lhes permite desfiar todos os seus lugares-comuns de guarda-noturno. E, certamente, à primeira vista, o partido da ordem revela um emaranhado de diferentes facções monarquistas, que não só intrigam uma contra a outra, cada qual tentando elevar ao trono o seu próprio pretendente e excluir o da facção contrária, como se unem todas no ódio comum e nas investidas comuns contra a "república". Em contraste com essa conspiração monarquista, a Montanha, por seu lado, aparece como representante da "república". O partido da ordem parece estar perpetuamente empenhado em uma "reação", dirigida contra a imprensa, o direito de associações e coisas semelhantes, uma reação nem mais nem menos como a que sucedeu na Prússia, e que, como na Prússia, é exercida na forma de brutal interferência policial por parte da burocracia, da gendarmaria e dos tribunais. A Montanha, por sua vez, está igualmente ocupada em aparar esses golpes, defendendo assim os "eternos direitos do homem", como todos os partidos supostamente populares vêm fazendo, mais ou menos, há um século e meio. Quando, porém, se examina mais de perto a situação e os partidos, desaparece essa aparência superficial que dissimula a *luta de classes* e a fisionomia peculiar da época.

Os legitimistas e os orleanistas, como dissemos, formavam as duas grandes facções do partido da ordem. O que ligava essas facções aos seus pretendentes e as opunha uma à outra seriam apenas as flores-de-lis e a bandeira tricolor, a Casa dos Bourbons e a Casa de Orléans, diferentes matizes do monarquismo? Sob os Bourbons governara a *grande propriedade territorial*, com seus padres e lacaios; sob os Orléans, a alta finança, a grande indústria, o alto comércio, ou seja, o *capital*, com seu séquito de advogados, professores e oradores melífluos. A Monarquia Legitimista foi apenas a expressão política do domínio hereditário dos senhores de terra, como a Monarquia de Julho fora apenas a expressão política do usurpado domínio dos burgueses *arrivistas*. O que separava as duas facções, portanto, não era nenhuma questão de princípios, eram suas condições materiais de existência, duas diferentes espécies de propriedade, era o velho contraste entre a cidade e o campo, a rivalidade entre o capital e o latifúndio. Que havia, ao mesmo tempo, velhas recordações, inimizades pessoais, temores e esperanças, preconceitos e ilusões, simpatias e antipatias, convicções, questões de fé e de princípio que as mantinham ligadas a uma ou a outra casa real — quem o nega? Sobre as diferentes formas de propriedade, sobre as condições sociais, maneiras de pensar e concepções de vida distintas e peculiarmente constituídas. A classe inteira os cria e os forma sobre a base de suas condições materiais e das relações sociais correspondentes. O indivíduo isolado, que as adquire por meio da tradição e da educação, poderá imaginar que constituem os motivos reais e o ponto de partida de sua conduta. Embora orleanistas e legitimistas, embora cada facção se esforçasse por convencer-se e convencer os outros de que o que as separava era sua lealdade as duas casa reais, os atos provaram mais tarde que o que impedia a união de ambas era mais a divergência de seus interesses. E assim como na vida privada se diferencia o que um homem pensa e diz de si mesmo do que ele realmente é e faz, nas lutas históricas deve-se distinguir mais ainda as frases e as fantasias dos partidos de sua formação real e de seus interesses reais, o conceito que fazem de si do que são na realidade. Orleanistas e legitimistas encontram-se lado a lado na república, com pretensões idênticas. Se cada lado desejava levar a cabo a *restauração de sua própria* casa real, contra a outra, isso significava apenas que cada um dos *dois grandes interesses* em que se divide a *burguesia* — o latifúndio e o capital — procurava restaurar sua própria supremacia e suplantar o outro. Falamos em dois interesses da burguesia porque a grande propriedade territorial, apesar de suas tendências feudais e de seu orgulho de raça, tornou-se completamente burguesa com o desenvolvimento da sociedade moderna. Também os *tories*[5] na Inglaterra imaginaram por muito tempo entusiasmar-se pela monarquia, a igreja e as maravilhas da velha Constituição inglesa, até que a hora do perigo arrancou-lhes a confissão de que se entusiasmam apenas pela *renda territorial*.

Os monarquistas coligados intrigavam-se uns contra os outros pela imprensa, em Ems, em Claremont, fora do Parlamento. Atrás dos bastidores envergavam novamente suas velhas librés orleanistas e legitimistas e novamente se empenhavam nas velhas disputas. Mas diante do público, em suas grandes representações de Estado, como grande partido parlamentar, iludem suas respectivas casas reais com simples mesuras e adiam *in infinitum* a restauração da monarquia. Exercem suas verdadeiras atividades como *partido da ordem*, ou seja, sob um rótulo *social*, e não sob um rótulo *político*; como representantes do regime burguês, e não como paladinos de princesas errantes; como classe burguesa contra as outras classes e não como monarquistas contra republicanos. E como partido da ordem exerciam um poder mais amplo e severo sobre as demais classes da sociedade do que jamais haviam exercido sob a Restauração ou sob a Monarquia de Julho, um poder que, de maneira geral, só era possível sob a forma de república parlamentar, pois apenas sob essa forma podiam os dois grandes setores da

[5] Membros do partido conservador inglês. (N. do E.)

burguesia francesa unir-se e, assim, pôr na ordem do dia o domínio de sua classe, em vez do regime de uma facção privilegiada desta classe. Se, não obstante, como partido da ordem, insultavam também a república e manifestavam a repugnância que sentiam por ela, isso não era devido apenas a recordações monarquistas. O instinto ensinava-lhes que a república, é bem verdade, torna completo seu domínio político, mas ao mesmo tempo solapa suas fundações sociais, uma vez que têm agora de se defrontar com as classes subjugadas e lutar com elas sem qualquer mediação, sem poderem esconder-se atrás da coroa, sem poderem desviar o interesse da nação com as lutas secundárias que sustentavam entre si e contra a monarquia. Era um sentimento de fraqueza que os fazia recuar das condições puras do domínio de sua própria classe e ansiar pelas antigas formas, mais incompletas, menos desenvolvidas e portanto menos perigosas, desse domínio. Por outro lado, cada vez que os monarquistas coligados entram em conflito com o pretendente que se lhes opunha, com Bonaparte, cada vez que julgam sua onipotência parlamentar ameaçada pelo Poder Executivo, cada vez, portanto, que têm de exibir o título político de seu domínio, apresentam-se como *republicanos* e não como *monarquistas*, desde o orleanista Thiers, que adverte a Assembléia Nacional de que a república é o que menos os separa, até o legitimista Berryer que, a 2 de dezembro de 1851, cingindo uma faixa tricolor, arenga o povo reunido diante da prefeitura do décimo distrito em nome da república. É claro que um eco zombeteiro responde-lhe: Henrique V! Henrique V!

Contra a burguesia coligada fora formada uma coalizão de pequeno-burgueses e operários, o chamado partido social democrata. A pequena burguesia percebeu que tinha sido mal recompensada depois das jornadas de junho de 1848, que seus interesses materiais corriam perigo e que as garantias democráticas que deviam assegurar a efetivação desses interesses estavam sendo questionadas pela contra-revolução. Em vista disso, aliou-se aos operários. Por outro lado, sua representação parlamentar, a Montanha, posta à margem durante a ditadura dos republicanos burgueses, reconquistara na segunda metade do período da Assembléia Constituinte sua popularidade perdida com a luta contra Bonaparte e os ministros monarquistas. Concluíra uma aliança com os dirigentes socialistas. Em fevereiro de 1849 a reconciliação foi comemorada com banquetes. Foi elaborado um programa comum, foram organizados comitês eleitorais comuns e lançados candidatos comuns. Quebrou-se o aspecto revolucionário das reivindicações sociais do proletariado e deu-se a elas uma feição democrática; despiu-se a forma puramente política das reivindicações democráticas da pequena burguesia e ressaltou-se seu aspecto socialista. Assim surgiu a *social-democracia*. A nova Montanha, resultado dessa combinação, continha, além de alguns figurantes tirados da classe operária e de alguns socialistas sectários, os mesmos elementos da velha Montanha, mas mais fortes numericamente. Em verdade, ela se tinha modificado no curso do desenvolvimento, com a classe que representava. O caráter peculiar da social-democracia resume-se no fato de exigir instituições democrático-republicanas como meio não de acabar com dois extremos, capital e trabalho assalariado, mas de enfraquecer seu antagonismo e transformá-lo em harmonia. Por mais diferentes que sejam as medidas propostas para alcançar esse objetivo, por mais que sejam enfeitadas com concepções mais ou menos revolucionárias, o conteúdo permanece o mesmo. Esse conteúdo é a transformação da sociedade por um processo democrático, porém uma transformação dentro dos limites da pequena burguesia. Só que não se deve formar a concepção estreita de que a pequena burguesia, por princípio, visa a impor um interesse de classe egoísta. Ela acredita, pelo contrário, que as condições *especiais* para sua emancipação são as condições *gerais* sem as quais a sociedade moderna não pode ser salva nem evitada a luta de classes. Não se deve imaginar, tampouco, que os representantes democráticos sejam na realidade todos *shopkeepers* (lojistas) ou defensores entusiastas destes últimos. Segundo sua formação e posição individual podem estar tão longe deles como o céu da terra. O que os torna representantes da pequena burguesia é o fato de que sua mentalidade não ultrapassa os limites que esta não ultrapassa na vida, de que são conseqüentemente impelidos, teoricamente, para os mesmos problemas e soluções para os quais o interesse material e a posição social impelem, na prática, a pequena burguesia. Esta é, em geral, a relação que existe entre os *representantes políticos* e literários de uma classe e a classe que representam.

Depois dessa análise, é evidente que se a Montanha lutava continuamente contra o partido da ordem em prol da república e dos chamados direitos do homem, nem a república nem os direitos do homem constituíam seu objetivo final, da mesma maneira por que um exército ao qual se quer despojar de suas armas e que resiste não entrou em luta com o objetivo de conservar a posse de suas armas.

Logo que se reuniu a Assembléia Nacional, o partido da ordem provocou a Montanha. A burguesia sentia agora a necessidade de acabar com a pequena burguesia democrática, assim como um ano atrás compreendera a necessidade de ajustar contas com o proletariado revolucionário. Apenas, a situação do adversário era diferente. A força do partido proletário estava nas ruas, ao passo que a da pequena burguesia estava na própria Assembléia Nacional. Tratava-se, pois, de atraí-los para fora da Assembléia Nacional, para as ruas, e fazer que eles mesmos destroçassem sua força parlamentar antes que o tempo e as circunstâncias pudessem consolidá-la. A Montanha precipitou-se de corpo e alma na armadilha.

O bombardeio de Roma pelas tropas francesas foi a isca que lhe atiraram. Violava o artigo 5 da Constituição, que proíbe a República Francesa de empregar suas forças militares contra a liberdade de outro povo. Além disso, o artigo 54 proibia qualquer declaração de guerra por parte do Poder Executivo sem o assentimento da Assembléia Nacional, e em resolução de 8 de maio a Assembléia Constituinte expressara sua desaprovação à expedição romana. Baseado nisso, a 11 de junho de 1849 Ledru-Rollin apresentou um projeto de *impeachment* contra Bonaparte e seus ministros. Exasperado pelas alfinetadas de Thiers, deixou-se na realidade arrastar, a ponto de ameaçar defender a Constituição por todos os meios, inclusive de armas na mão. A Montanha levantou-se como um só homem e repetiu esse apelo às armas. A 12 de junho a Assembléia Nacional rejeitou o projeto de *impeachment* e a Montanha deixou o Parlamento. Os acontecimentos de 13 de junho são conhecidos: a proclamação lançada por uma ala da Montanha declarando Bonaparte e seus ministros "fora da Constituição!"; a passeata da Guarda Nacional democrática que, desarmada como estava, dispersou-se ao defrontar as tropas de Changarnier, etc., etc. Uma parte da Montanha fugiu para o estrangeiro; outra parte foi citada pelo Supremo Tribunal de Bourges, e uma resolução parlamentar submeteu os restantes à vigilância de bedel do presidente da Assembléia Nacional. O estado de sítio foi novamente declarado em Paris e a ala democrática da Guarda Nacional dissolvida. Quebrou-se, assim, a influência da Montanha no Parlamento e a força da pequena burguesia em Paris.

Lyon, onde o 13 de Junho dera a senha para uma sangrenta insurreição operária, foi, juntamente com os cinco departamentos adjacentes, declarada igualmente sob estado de sítio, situação que perdura até o presente momento.

A maior parte da Montanha abandonara sua vanguarda na hora difícil, recusando-se a assinar a proclamação. A imprensa desertara, apenas dois jornais ousando publicar o *pronunciamento*. A pequena burguesia traiu seus representantes, pelo fato de a Guarda Nacional ou não aparecer ou, onde apareceu, impedir o levantamento de barricadas. Os representantes, por sua vez, ludibriaram a pequena burguesia, pelo fato de que os seus pretensos aliados do exército não apareceram em lugar nenhum. Finalmente, em vez de ganhar forças com o apoio do proletariado, o partido democrático infetara o proletariado com sua própria fraqueza e, como costuma acontecer com os grandes feitos dos democratas, os dirigentes tiveram a satisfação de poder acusar o "povo" de deserção, e o povo a satisfação de poder acusar seus dirigentes de o terem iludido.

Raramente fora uma ação anunciada tão estrepitosamente como a iminente campanha da Montanha, raramente um acontecimento fora alardeado com tanta segurança ou com tanta antecedência como a vitória inevitável da democracia. É mais do que certo que os democratas acreditam nas trombetas diante de cujos toques ruíram as muralhas de Jericó. E sempre que enfrentam as muralhas do despotismo procuram imitar o milagre. Se a Montanha queria vencer no Parlamento, não devia ter apelado para as armas. Se apelou para as armas no Parlamento, não devia ter-se comportado nas ruas de maneira parlamentar. Se a demonstração pacífica tinha um caráter sério, então era loucura não prever que teria uma recepção belicosa. Se se pretendia realizar uma luta efetiva, então era uma idéia esquisita depor as armas com que teria de ser conduzida esta luta. Mas as ameaças revolucionárias da pequena burguesia e de seus representantes democráticos não passam de tentativas de intimidar o adversário. E quando se vêem em um beco sem saída, quando se comprometeram o suficiente para tornar necessário levar a cabo suas ameaças, fazem-no então de maneira ambígua, que evita principalmente os meios de alcançar o objetivo, e tenta encontrar pretextos para sucumbir. A estrepitosa abertura que anunciou a contenda perde-se em um murmúrio pusilânime assim que a luta tem de começar; os atores deixam de se levar a *sério* e a peça murcha lamentavelmente, como um balão furado.

Nenhum partido exagera mais os meios de que dispõe, nenhum se ilude com tanta leviandade sobre a situação como o partido democrático. Como uma ala do exército votara em seu favor, a Montanha estava agora convencida de que o exército se levantaria ao seu lado. E em que situação? Em uma situação que, do ponto de vista das tropas, não tinha outro significado senão o de que os revolucionários haviam-se colocado ao lado dos soldados romanos, contra os soldados franceses. Por outro lado, as recordações de junho de 1848 ainda estavam muito frescas para provocar outra coisa que não fosse a profunda aversão do proletariado à Guarda Nacional e a completa desconfiança dos chefes das sociedades secretas em relação aos dirigentes democráticos. Para superar essas diferenças era necessário que grandes interesses comuns estivessem em jogo. A violação de um parágrafo abstrato da Constituição não poderia criar esses interesses. Não fora a Constituição violada repetidas vezes, segundo afirmavam os próprios democratas? Não haviam os periódicos mais populares estigmatizado essa Constituição como obra desconchavada de contra-revolucionários? Mas o democrata, por representar a pequena burguesia, ou seja, *uma classe de transição* na qual os interesses de duas classes perdem simultaneamente suas arestas, imagina estar acima dos antagonismos de classes em geral. Os democratas admitem que se defrontam com uma classe privilegiada, mas eles, com todo o resto da nação, constituem *o povo*. O que eles representam é o *direito do povo*; o que interessa a eles é o *interesse do povo*. Por isso, quando um conflito está iminente, não precisam analisar os interesses e as posições das diferentes classes. Não precisam pesar seus próprios recursos de maneira demasiado crítica. Têm apenas de dar o sinal e o *povo*, com todos os seus inexauríveis recursos, cairá sobre os *opressores*. Mas se na prática seus interesses mostram-se sem interesse e sua potência, impotência, então ou a culpa cabe aos sofistas perniciosos, que dividem o *povo indivisível* em diferentes campos hostis, ou o exército estava por demais embrutecido e cego para compreender que os puros objetivos da democracia são o que há de melhor para ele, ou tudo fracassou em razão de um detalhe na execução, ou então um imprevisto estragou desta vez a partida. Haja o que houver, o democrata sai da derrota mais humilhante, tão imaculado como era inocente quando entrou na questão, com a convicção recém-adquirida de que terá forçosamente de vencer, não porque ele e seu partido deverão abandonar o antigo ponto de vista, mas, pelo contrário, porque as condições têm de amadurecer para se porem de acordo com ele.

Não se deve imaginar, por conseguinte, que a Montanha, dizimada e destroçada como estava, e humilhada pelo novo regulamento parlamentar, estivesse especialmente desconsolada. Se o 13 de Junho removera seus dirigentes, tinha, por outro lado, aberto vaga para homens de menor envergadura, que se sentiam desvanecidos com essa nova posição. Se sua impotência no Parlamento já não deixava lugar a dúvida, tinham agora o direito de limitar suas atividades a rasgos de indignação moral e ruidosa oratória. Se o partido da ordem simulava ver encarnados neles os últimos representantes oficiais da Revolução e todos os horrores da anarquia, podiam mostrar-se na realidade ainda mais insípidos e modestos. Consolaram-se, entretanto, pelo 13 de Junho, com esta sentença profunda: "Mas se ousarem investir contra o sufrágio universal, bem, então lhes mostraremos de que somos capazes! *Nous verrons!*[6]

Quanto aos *montagnards*[7] que haviam fugido para o estrangeiro, basta observar aqui que Ledru-Rollin, em vista de ter conseguido arruinar irremediavelmente, em menos de quinze dias, o poderoso partido que chefiava — via-se agora chamado a formar um governo francês *in partibus*, que à medida que caía o nível da revolução e os maiorais oficiais da França oficial diminuíam de tamanho, sua figura a distância, fora do campo de ação, parecia crescer em estatura; que podia figurar como pretendente republicano para 1852, e que dirigia circulares periódicas aos valáquios e a outros povos, nas quais os déspotas do continente eram ameaçados com as façanhas dele e de seus confederados. Estaria Proudhon inteiramente errado quando gritou a esses senhores: *Vous n' étes que des blagueurs*[8] ?

A 13 de junho o partido da ordem não tinha apenas destroçado a Montanha: tinha efetuado a *subordinação da Constituição às decisões majoritárias da Assembléia Nacional*. E compreendia a república da seguinte maneira: que a burguesia governa aqui sob formas parlamentares, sem encontrar, como na monarquia, quaisquer barreiras tais como o veto do Poder Executivo ou o direito de dissolver o Parlamento. Esta era uma *república parlamentar*, como a cognominou Thiers. Mas se a burguesia assegurou a 13 de junho sua onipotência dentro do Parlamento, não tornara ao mesmo tempo o próprio Parlamento irremediavelmente fraco diante do Poder

[6] Veremos! (N. do E.)

[7] Deputados da Montanha. (N. do E.)

[8] Não passais de fanfarrões. (N. do E.)

Executivo e do povo, expulsando a bancada mais popular? Entregando numerosos deputados, sem maiores formalidades, por intimação dos tribunais, ela aboliu suas próprias imunidades parlamentares. O regulamento humilhante a que submeteu a Montanha exaltava o presidente da República na mesma medida em que degradava os representantes do povo. Denunciando uma insurreição em defesa da Carta Constitucional como um ato de anarquia visando à subversão do regime, vedou a si própria a possibilidade de recorrer à insurreição no caso de o Poder Executivo violar contra ela a Constituição. E, por ironia da história, o general que por ordem de Bonaparte bombardeou Roma e forneceu, assim, o motivo imediato da revolta constitucional de 13 de Junho, aquele mesmo Oudinot, seria o homem que o partido da ordem, suplicante e inutilmente, apresentaria ao povo a 2 de dezembro de 1851 como o general que defendia a Constituição contra Bonaparte. Outro herói do 13 de Junho, Vieyra, que fora elogiado da tribuna da Assembléia Nacional pelas brutalidades que cometera nas redações de jornais democráticos à frente de um bando da Guarda Nacional pertencente aos altos círculos financeiros — esse mesmo Vieyra fora iniciado na conspiração de Bonaparte e contribuiu essencialmente para privar a Assembléia Nacional, na hora de sua morte, de qualquer proteção por parte da Guarda Nacional.

O 13 de Junho tem ainda outro significado. A Montanha havia querido forçar o *impeachment* de Bonaparte. Sua derrota foi, portanto, uma vitória direta de Bonaparte, seu triunfo pessoal sobre seus inimigos democratas. O partido da ordem conquistou a vitória; Bonaparte tinha apenas de a embolsar. Foi o que fez. A 14 de junho podia ler-se nos muros de Paris uma proclamação em que o presidente, relutantemente, como que a contragosto, compelido pela simples força dos acontecimentos, emerge de seu isolamento claustral e, afetando virtude ofendida, queixa-se das calúnias de seus adversários e, embora pareça identificar sua pessoa com a causa da ordem, antes identifica a causa da ordem com sua pessoa. Além disso, a Assembléia Nacional havia, é bem verdade, aprovado subseqüentemente a expedição contra Roma, mas Bonaparte assumira a iniciativa da questão. Depois de reinstalar o pontífice Samuel no Vaticano, podia esperar entrar nas Tulherias como novo rei Davi. Conquistara o apoio dos padres.

A revolta de 13 de Junho limitou-se, como vimos, a uma passeata pacífica. Lauréis guerreiros não podiam, portanto, ser conquistados em sua repressão. Contudo, em uma época dessas, tão pobre de heróis e acontecimentos, o partido da ordem transformou essa batalha incruenta em uma segunda Austerlitz. Da tribuna e na imprensa elogiava-se o exército como o poder da ordem, em contraste com as massas populares, que representavam a impotência da anarquia, e se exalava Changarnier como o "baluarte da sociedade", ilusão em que ele próprio veio finalmente a acreditar. Sub-repticiamente, porém, os corpos de tropa que pareciam duvidosos foram transferidos de Paris, os regimentos em que as eleições haviam produzido os resultados mais democráticos foram banidos da França para a Argélia, os espíritos turbulentos existentes entre as tropas foram relegados a destacamentos penais e, por fim, o isolamento entre a imprensa e o quartel e entre o quartel e a sociedade burguesa foi efetuado de maneira sistemática.

Chegamos aqui ao ponto decisivo da história da Guarda Nacional francesa. Em 1830 ela tivera ação decisiva na queda da Restauração. Sob Luís Filipe abortaram todas as rebeliões nas quais a Guarda Nacional colocou-se ao lado das tropas. Quando nas jornadas de fevereiro de 1848 ela manteve uma atitude passiva diante da insurreição e uma atitude equívoca para com Luís Filipe, este se considerou perdido e, efetivamente, estava perdido. Arraigou-se assim a convicção de que a Revolução não poderia triunfar *sem* a Guarda Nacional nem o exército vencer *contra* ela. Era a superstição do exército sobre a onipotência burguesa. As jornadas de junho de 1848, quando toda a Guarda Nacional, juntamente com as tropas de linha, sufocou a insurreição, haviam reforçado essa superstição. Depois que Bonaparte assumiu o poder, a posição da Guarda Nacional foi, de certo modo, enfraquecida pela união inconstitucional, na pessoa de Changarnier, do comando de suas forças com o comando da Primeira Divisão do Exército.

Assim como o comando da Guarda Nacional aparecia aqui como atributo do comandante-geral do exército, a própria Guarda Nacional parecia ser um mero apêndice das tropas de linha. Finalmente, a 13 de junho seu poder foi quebrado, e não só por sua dissolução parcial, que daí por diante se repetiu periodicamente por toda a França, até que dela restaram apenas meros fragmentos. A manifestação de 13 de junho fora, sobretudo, uma manifestação da Guarda Nacional democrática. Não tinham, é verdade, empunhado armas contra o exército, e sim envergado apenas sua farda; precisamente nessa farda, porém, estava o talismã. O exército convenceu-se de que esse uniforme era um pedaço de lã como qualquer outro. Quebrou-se o encanto. Nas jornadas de junho de 1848 a burguesia e a pequena burguesia, na qualidade de Guarda Nacional, se tinham unido ao exército contra o proletariado; a 13 de junho de 1849 a burguesia fez dispersar a Guarda Nacional pequeno-burguesa pelo exército; a 2 de dezembro de 1851 desapareceu a própria Guarda Nacional burguesa e Bonaparte limitou-se a registrar esse fato quando subseqüentemente assinou o decreto de sua dissolução. A burguesia destruiu assim sua derradeira arma contra o exército, mas teve de o fazer em um momento no qual a pequena burguesia não mais a seguia como vassalo e sim levantava-se diante dela como rebelde, como de maneira geral teria forçosamente de destruir com as próprias mãos todos os seus meios de defesa contra o absolutismo, tão logo se tornasse ela própria absolutista.

Enquanto isso, o partido da ordem celebrava a reconquista do poder que parecia ter-lhe escapado em 1848, apenas para voltar em 1849 sem limite algum, e celebrava-a por meio de invectivas contra a república e a Constituição, com maldições contra todas as revoluções presentes, passadas e futuras, inclusive as organizadas por seu próprio dirigente e por meio de leis que amordaçavam a imprensa, destruíam o direito de associação e faziam do estado de sítio uma instituição regular, orgânica. A Assembléia Nacional suspendeu então seus trabalhos desde meados de agosto até meados de outubro, depois de ter designado uma comissão permanente para representá-la durante o período de recesso. Durante esse recesso, os legitimistas conspiraram em Ems, os orleanistas em Claremont, Bonaparte por meio de excursões principescas, e os conselhos departamentais nas deliberações sobre a revisão da Constituição — incidentes que geralmente ocorrem nos períodos de recesso da Assembléia Nacional e que só comentarei quando constituírem acontecimentos. Basta acrescentar aqui que a Assembléia Nacional agiu impoliticamente desaparecendo de cena durante longos intervalos e deixando que aparecesse à frente da república uma única e mesmo assim triste figura, a de Luís Bonaparte, enquanto para escândalo do público o partido da ordem fragmentava-se em seus componentes monarquistas e entregava-se às suas divergências internas sobre a Restauração monárquica. Tantas vezes emudecia durante esses recessos o barulho confuso do *Parlamento* e seus membros dissolviam-se pela nação, quantas se tornava indubitavelmente claro que só faltava uma coisa para completar o verdadeiro caráter dessa república: tornar permanente o recesso e substituir a divisa *Liberté*, *Égalité*, *Fraternité*, pelas palavras inequívocas: Infantaria, Cavalaria, Artilharia!

58

Capítulo IV

Em meados de outubro de 1849 a Assembléia Nacional reuniu-se uma vez mais. A 1°. de novembro Bonaparte surpreendeu-a com uma mensagem em que anunciava a demissão do Ministério Barrot-Falloux e a formação de um novo ministério. Jamais alguém demitiu lacaios com tanta sem-cerimônia como Bonaparte a seus ministros. Os pontapés destinados à Assembléia Nacional foram, no momento, dados em Barrot e companhia.

O Ministério Barrot, como vimos, fora composto de legitimistas e orleanistas, um ministério do partido da ordem. Bonaparte necessitava dele para dissolver a Assembléia Constituinte republicana, para levar a cabo a expedição contra Roma e para destroçar o partido democrático. Eclipsara-se aparentemente detrás desse ministério, entregara o poder governamental nas mãos do partido da ordem e assumira o modesto disfarce que o editor-responsável de um jornal usara sob Luís Filipe, a máscara de *homme de paille*[1]. Agora arremessava fora essa máscara que não constituía mais o véu diáfano atrás do qual podia esconder sua fisionomia, e sim uma máscara de ferro que o impedia de exibir uma fisionomia própria. Nomeara o Ministério Barrot com o objetivo de quebrar a Assembléia Nacional em nome do partido da ordem; destituiu-o a fim de declarar-se independente da Assembléia Nacional do partido da ordem.

Não faltavam pretextos plausíveis para essa destituição. O

[1] Fantoche. (N. do E.)

Ministério Barrot descuidava-se inclusive do decoro que teria permitido que o presidente da República aparecesse como um poder ao lado da Assembléia Nacional. Durante o recesso da Assembléia Nacional, Bonaparte publicou uma carta dirigida a Edgar Ney na qual parecia desaprovar a atitude liberal do papa, da mesma forma que, quando se opusera à Assembléia Constituinte, publicara uma carta na qual elogiava Oudinot pelo ataque contra a república romana. Quando a Assembléia Nacional votou os créditos para a expedição romana, Victor Hugo, por um pretenso liberalismo, levantou a questão da carta. O partido da ordem sufocou com clamores despicientemente incrédulos a idéia de que os caprichos de Bonaparte pudessem ter alguma importância política. Nenhum dos ministros levantou a luva em favor dele. Em outra ocasião, Barrot, com sua conhecida retórica oca, deixou escapar da tribuna palavras de indignação sobre as "abomináveis intrigas" que, segundo afirmava, se teciam nos círculos mais chegados ao presidente. Finalmente, embora o Ministério tivesse obtido da Assembléia Nacional uma pensão de viuvez para a duquesa de Orléans, rejeitava toda e qualquer proposta que visasse a aumentar a Lista Civil do presidente. E em Bonaparte o pretendente imperial estava tão intimamente ligado com o aventureiro em maré de pouca sorte que sua grande idéia, a de que era chamado a restaurar o império, era sempre suplementada pela outra, de que o povo francês tinha a missão de pagar suas dívidas.

O Ministério Barrot-Falloux foi o primeiro e último *ministério parlamentar* criado por Bonaparte. Sua destituição assinala, por conseguinte, uma reviravolta decisiva. O partido da ordem perdeu assim, para nunca mais reconquistar, uma posição indispensável para a manutenção do regime parlamentar, a alavanca do Poder Executivo. Torna-se imediatamente óbvio que em um país como a França, onde o Poder Executivo controla um exército de funcionários que conta mais de meio milhão de indivíduos e portanto mantém uma imensa massa de interesses e de existências na mais absoluta dependência; onde o Estado enfeixa, controla, regula, superintende e mantém sob tutela a sociedade civil, desde suas mais amplas manifestações de vida até suas vibrações mais insignificantes, desde suas formas mais gerais de comportamento até a vida privada dos indivíduos; onde, por meio da mais extraordinária centralização, esse corpo de parasitos adquire uma ubiqüidade, uma onisciência, uma capacidade de acelerada mobilidade e uma elasticidade que só encontram paralelo na dependência desamparada, no caráter caoticamente informe do próprio coro social — compreende-se que em semelhante país a Assembléia Nacional perde toda a influência real quando perde o controle das pastas ministeriais, se não simplifica ao mesmo tempo a administração do Estado, reduz o corpo de oficiais do exército ao mínimo possível e, finalmente, deixa a sociedade civil e a opinião pública criarem órgãos próprios, independentes do poder governamental. Mas é precisamente com a manutenção dessa dispendiosa máquina estatal em suas numerosas ramificações que os *interesses materiais* da burguesia francesa estão entrelaçados da maneira mais íntima. Aqui encontra postos para sua população excedente e compensa sob forma de vencimentos o que não pode embolsar sob a forma de lucros, juros, rendas honorários. Por outro lado, *seus interesses políticos* forçavam-na a aumentar diariamente as medidas de repressão e, portanto, os recursos e o pessoal do poder estatal, enquanto tinha ao mesmo tempo de se empenhar em uma guerra ininterrupta contra a opinião pública e receosamente mutilar e paralisar os órgãos independentes do movimento social, onde não conseguia amputá-los completamente. A burguesia francesa viu-se assim compelida por sua posição de classe a aniquilar, por um lado, as condições vitais de todo o poder parlamentar e, portanto, inclusive o seu próprio, e, por outro lado, a tornar irresistível o Poder Executivo que lhe era hostil.

O novo ministério chamava-se Ministério d'Hautpoul. Não no sentido de que o general d'Hautpoul tivesse recebido o cargo de primeiro-ministro. Simultaneamente com a destituição de Barrot, Bonaparte abolira essa dignidade que, é bem verdade, condenava o presidente da República à situação de nulidade legal de um monarca constitucional, porém um monarca constitucional sem trono nem coroa, sem cetro nem espada, sem direito à irresponsabilidade, sem a posse imprescritível da mais alta dignidade do Estado e, pior que tudo, sem Lista Civil. O Ministério d'Hautpoul possuía apenas um homem de projeção parlamentar, o agiota Fould, um dos elementos mais notórios da alta finança. Coube-lhe a pasta da Fazenda. Consultando-se as cotações da Bolsa de Paris verifica-se que de 1°. de novembro de 1849 em diante os *fonds*[2] do governo francês

[2] Títulos do governo. (N. do E.)

sobem e descem com a subida ou a queda das ações bonapartistas. Enquanto Bonaparte encontrara assim seu aliado na Bolsa, chamou a si ao mesmo tempo o controle da polícia, nomeando Carlier chefe de Polícia de Paris.

Só no curso dos acontecimentos, porém, poderiam revelar-se as conseqüências da substituição de ministros. Em primeiro lugar, Bonaparte dera um passo à frente apenas para ser empurrado novamente para trás de maneira ainda mais conspícua. Sua mensagem brusca foi seguida da mais servil declaração de fidelidade à Assembléia Nacional. Sempre que os ministros ousavam fazer uma tentativa tímida de introduzir seus caprichos pessoais como propostas legislativas, eles mesmos pareciam realizar, só a contragosto e compelidos pelo cargo, *dèmarches* cômicas de cuja improficiência estavam de antemão convencidos. Sempre que Bonaparte declarava intempestivamente suas intenções às escondidas dos ministros e entretinha-se com suas *idées napoléoniennes*[3], seus próprios ministros desautorizavam-no da tribuna da Assembléia Nacional. Seus anseios de usurpação pareciam fazer-se ouvir apenas para que não silenciassem os risos malévolos de seus adversários. Comportava-se como um gênio incompreendido, a quem o mundo inteiro toma por um idiota. Nunca desfrutou o desprezo de todas as classes de maneira mais completa do que durante esse período. Nunca a burguesia governou de maneira mais absoluta, nunca exibiu com maior ostentação as insígnias de seu poder.

Não preciso entrar aqui na história de sua atividade legislativa, que se resume, nesse período, em duas leis: a lei restabelecendo o *imposto sobre o vinho* e a *lei do ensino* abolindo a irreligiosidade. Se o consumo do vinho foi dificultado aos franceses, em compensação era-lhes servido em abundância o licor da eternidade. Se na lei do imposto do vinho a burguesia declarava inviolável o velho e odioso sistema tributário francês, procurava pela lei do ensino assegurar entre as massas o velho estado de espírito conformista. É espantoso ver os orleanistas, os burgueses liberais, esses velhos apóstolos do voltairianismo e da filosofia eclética, confiarem a seus inimigos tradicionais, os jesuítas, a supervisão do espírito francês. Por mais que divergissem os orleanistas e legitimistas a respeito dos pretendentes ao trono, compreendiam que para assegurar seu

[3] Idéias napoleônicas. (N. do E.)

domínio unificado era necessário unificar os meios de repressão de duas épocas, que os meios de subjugação da Monarquia de Julho tinham de ser complementados e reforçados com os meios de subjugação da Restauração.

Os camponeses, desapontados em todas as suas esperanças, esmagados mais do que nunca, de um lado pelo baixo nível dos preços do grão e de outro pelo aumento dos impostos e das dívidas hipotecárias, começaram a agitar-se nos departamentos. A resposta foi uma investida contra os mestres-escolas, que foram submetidos ao clero, uma investida contra os *maires*[4], que foram submetidos aos alcaides, e um sistema de espionagem, ao qual todos estavam sujeitos. Em Paris e nas grandes cidades a própria reação reflete o caráter da época, e provoca mais do que reprime. No campo torna-se monótona, vulgar, mesquinha, cansativa e vexatória — em suma, o gendarme. Compreende-se como três anos de regime de gendarme, consagrado pelo regime da Igreja, tinham forçosamente de enfraquecer a massa imatura.

Por maior que fosse o entusiasmo e a eloqüência empregada pelo partido da ordem contra a minoria, do alto da tribuna da Assembléia Nacional, seus discursos permaneciam monossilábicos como os dos cristãos, cujas palavras devem se limitar a sim; sim, não, não! Tão monossilábicos na tribuna como na imprensa. Insípidos como uma charada cuja solução já é conhecida. Quer se tratasse do direito de petição, quer do imposto sobre o vinho, da liberdade de imprensa, da liberdade de comércio, de clubes, da carta municipal, da proteção da liberdade individual, da regulamentação do orçamento do Estado, a senha se repete constantemente, o tema permanece sempre o mesmo, o verecicto está sempre pronto e reza invariavelmente: *socialismo*. Até o liberalismo burguês é declarado socialista, o desenvolvimento cultural da burguesia é socialista, a reforma financeira burguesa é socialista. Era socialismo construir uma ferrovia onde já existisse um canal, e era socialismo defender-se com um porrete quando se era atacado com um florete.

Isso não era mera figura de retórica, questão de moda ou tática partidária. A burguesia tinha uma noção exata do fato de que todas as armas que forjara contra o feudalismo voltavam seu gume contra ela, que todos os meios de cultura que criara rebelavam-se contra

[4] Prefeitos. (N. do E.)

sua própria civilização, que todos os deuses que inventara a tinham abandonado. Compreendia que todas as chamadas liberdades burguesas e órgãos e progresso atacavam e ameaçavam seu *domínio de classe*, e tinham, portanto, se convertido em "socialistas". Nessa ameaça e nesse ataque ela discernia com acerto o segredo do socialismo, cujo sentido e tendência avaliava com maior precisão do que o próprio pretenso socialismo; este não pode compreender por que a burguesia endurece cruelmente seu coração contra ele, se ele lamenta com sentimentalismo os sofrimentos da humanidade, ou se profetiza com espírito cristão a era milenar e a fraternidade universal, ou se em estilo humanista palreia sobre o espírito, a cultura e a liberdade, ou se à moda doutrinária excogita de um sistema para a conciliação e bem-estar de todas as classes. O que a burguesia não alcançou, porém, foi a conclusão lógica de que *seu próprio regime parlamentar*, seu *poder político* de maneira geral, estava agora também a enfrentar o veredicto condenatório geral de *socialismo*. Enquanto o domínio da classe burguesa não se tivesse organizado completamente, enquanto não tivesse adquirido sua pura expressão política, o antagonismo das outras classes não podia, igualmente, mostrar-se em sua forma pura, e onde aparecia não podia assumir o aspecto perigoso que converte toda luta contra o poder do Estado em uma luta contra o capital. Se em cada vibração de vida na sociedade, ela via a "tranqüilidade" ameaçada, como podia aspirar a manter à frente da sociedade um *regime de desassossego*, seu próprio regime, o *regime parlamentar*, esse regime que, segundo a expressão de um de seus porta-vozes, vive em luta e pela luta? O regime parlamentar vive do debate; como pode proibir os debates? Cada interesse, cada instituição social, é transformado aqui em idéias gerais, debatido como idéias; como pode qualquer interesse, qualquer instituição, afirmar-se acima do pensamento e impor-se como artigo de fé? A luta dos oradores na tribuna evoca a luta dos escribas na imprensa; o clube de debates do Parlamento é necessariamente suplementado pelos clubes de debates dos salões e das tabernas; os representantes, que apelam constantemente para a opinião pública, dão à opinião pública o direito de expressar sua verdadeira opinião nas petições. O regime parlamentar deixa tudo à decisão das maiorias; como então as grandes maiorias fora do Parlamento não hão de querer decidir? Quando se toca música nas altas esferas do Estado, que se pode esperar dos que estão embaixo, senão que dancem?

Assim, denunciando agora como "socialista" tudo o que anteriormente exaltara como "liberal", a burguesia reconhece que seu próprio interesse lhe ordena subtrair-se aos perigos do *self-government*[5]; que, a fim de restaurar a calma no país, é preciso antes de tudo restabelecer a calma no seu Parlamento burguês; que a fim de preservar intacto o seu poder social, seu poder político deve ser destroçado; que o burguês particular só pode continuar a explorar as outras classes e a desfrutar pacatamente a propriedade, a família, a religião e a ordem sob a condição de que sua classe seja condenada, juntamente com as outras, à mesma nulidade política; que, a fim de salvar sua bolsa, deve abrir mão da coroa, e que a espada que a deve salvaguardar é fatalmente também uma espada de Dâmocles suspensa sobre sua cabeça.

No campo dos interesses gerais da burguesia a Assembléia Nacional mostrava-se tão improdutiva que, por exemplo, os debates sobre a estrada de ferro Paris-Avignon, que começaram no inverno de 1850, não tinham sido concluídos ainda a 2 de dezembro de 1851. Onde não reprimia ou exercia uma atuação reacionária, estava atacada de incurável esterilidade.

Enquanto o Ministério assumia em parte a iniciativa de formular leis dentro do espírito do partido da ordem, e em parte superava mesmo a violência daquele partido na execução e fiscalização delas, o próprio Bonaparte, por outro lado, por intermédio de propostas tolas e infantis, tentava ganhar popularidade, ressaltar sua oposição à Assembléia Nacional, e aludir a reservas secretas que estavam apenas temporariamente impedidas pela situação de porem seus tesouros ocultos à disposição do povo francês. Para isso, propôs que se decretasse um aumento de quatro *sous*[6] por dia no soldo dos suboficiais; para isso, propôs a criação de um banco para conceder créditos de honra aos operários. Dinheiro como dádiva e dinheiro como empréstimo, era com perspectivas como essas que esperava atrair as massas. Donativos e empréstimos — resume-se nisto a ciência financeira do *lumpemproletariado*, tanto de alto como de baixo nível. Essas eram as únicas alavancas que Bonaparte sabia movimentar. Nunca um pretendente especulou mais vulgarmente com a vulgaridade das massas.

---

[5] Autogoverno. (N. do E.)

[6] Moeda de cinco cêntimos de franco. (N. do E.)

A Assembléia Nacional inflamou-se repetidas vezes com essas inegáveis tentativas de ganhar popularidade à sua custa, com o crescente perigo de que esse aventureiro, esporeado pelas dívidas e sem reputação que o freasse, se lançasse a um golpe desesperado. A divergência entre o partido da ordem e o presidente assumira um caráter ameaçador quando um acontecimento inesperado atirou o segundo, contrito, nos braços do primeiro. Referimo-nos às *eleições suplementares de 10 de março de 1850*. Essa eleição foi realizada com o propósito de preencher as cadeiras de deputados que haviam ficado vagas depois de 13 de junho em virtude da prisão ou do exílio de seus ocupantes. Paris elegeu apenas candidatos social-democratas. Concentrou mesmo a maioria dos votos em um insurreto de junho de 1848, Deflotte. Assim a pequena burguesia de Paris, aliada ao proletariado, vingou-se da derrota sofrida a 13 de junho de 1849. O proletariado parecia ter-se afastado do campo de batalha na hora do perigo só para reaparecer em ocasião mais propícia com maior número de combatentes e um grito de guerra mais audaz. Uma circunstância parecia ressaltar o perigo dessa vitória eleitoral. O exército votou em Paris a favor do insurreto de junho e contra La Hitte, ministro de Bonaparte, e nos departamentos principalmente a favor dos *montagnards*, que também aqui, embora de maneira não tão decisiva como em Paris, mantinham ascendência sobre seus adversários.

Bonaparte viu-se de repente confrontado outra vez com a Revolução. Da mesma forma que a 29 de janeiro de 1849 e a 13 de junho de 1849, também, a 10 de março de 1850 desapareceu atrás do partido da ordem. Rendeu-lhe tributo, pediu perdão de maneira pusilânime, prontificou-se a nomear o ministério que quisessem por indicação da maioria parlamentar, chegou a ponto de implorar aos dirigentes dos partidos orleanistas e legitimistas, aos Thiers, Berryers, Brogliés, Molés, em suma aos chamados burgraves[7], que assumissem eles próprios a direção do Estado. O partido da ordem mostrou-se incapaz de se beneficiar com essa oportunidade que não mais se repetiria. Em vez de assumir corajosamente o poder que lhe era oferecido, nem sequer obrigou Bonaparte a reintegrar o

[7] Trata-se da secretaria dos deputados do partido da ordem na Assembléia Legislativa. Aos seus membros dava-se ironicamente o nome de burgraves (do drama *Os Burgraves*, de Victor Hugo) para indicar a importante ambição de poder e as aspirações feudais dos partidários da monarquia. (N. do E.)

ministério que dissolvera a 1°. de novembro; contentou-se em humilhá-lo com seu perdão e incorporar o Sr. *Baroche* ao Ministério d'Hautpoul. Na qualidade de promotor público esse Baroche investira e deblaterara perante o Supremo Tribunal de Bourges, a primeira vez contra os revolucionários de 15 de maio, a segunda contra os democratas de 13 de junho, ambas as vezes a pretexto de atentado contra a Assembléia Nacional. Pois bem: nenhum dos ministros de Bonaparte contribuiu mais, subseqüentemente, para a degradação da Assembléia Nacional, e depois de 2 de dezembro de 1851 encontramo-lo novamente bem instalado e muitíssimo bem pago como vice-presidente do Senado. Cuspira na sopa dos revolucionários para que Bonaparte pudesse tomá-la.

O partido social-democrata, por seu lado, parecia apenas procurar pretextos para pôr novamente em dúvida sua vitória e quebrar sua agressividade. Vidal, um dos representantes recém-eleitos por Paris, fora eleito simultaneamente por Estrasburgo. Induziram-no a abrir mão da diplomação por Paris e aceitar a de Estrasburgo. E assim, em vez de tornar definitiva sua vitória nas urnas e obrigar portanto o partido da ordem a contestá-la imediatamente no Parlamento, em vez de forçar o adversário a lutar em um momento de entusiasmo popular e em que o exército se mostrava favorável, o partido democrata esgotou Paris durante os meses de março e abril com uma nova campanha eleitoral, deixou que a exaltação das paixões populares se perdesse nesse repetido jogo eleitoral, deixou que a energia revolucionária se saciasse com os êxitos constitucionais, se dissipasse em intrigas mesquinhas, oratória oca e manobras falsas, deixou que a burguesia reunisse suas forças e fizesse seus preparativos e, finalmente, permitiu que o significado das eleições de março encontrasse um comentário sentimentalmente enfraquecedor na eleição suplementar de abril, em que foi eleito Eugène Sue. Em resumo, transformou o 10 de março em um 1°. de abril.

A maioria parlamentar percebeu a debilidade de seu adversário. Seus 17 burgraves — pois Bonaparte deixara-lhes a direção e a responsabilidade do ataque — elaboraram uma nova lei eleitoral cuja apresentação foi confiada ao Sr. Faucher, que solicitou essa honra para si. A 8 de maio apresentou a lei segundo a qual seria abolido o sufrágio universal, seria imposta a condição de que os eleitores residissem pelo menos três anos na circunscrição eleitoral e, finalmente, tornaria a prova de domicílio dependente, no caso dos operários, de um atestado fornecido pelos patrões.

Da mesma forma por que os democratas tinham, em estilo revolucionário, agitado os espíritos e feito demonstrações de violência durante a campanha eleitoral constitucional, agora, quando se tornava necessário provar o caráter sério dessa vitória de armas na mão, em estilo constitucional pregavam a ordem, "majestosa serenidade", a atuação legal, ou seja, a submissão cega à vontade da contra-revolução, que se impunha como lei. Durante os debates, a Montanha cobriu de vergonha o partido da ordem, afirmando, contra a paixão revolucionária do último, a atitude desapaixonada do filisteu que se mantém dentro da lei, e fulminando aquele partido com a censura terrível de que procedera de maneira revolucionária. Mesmo os deputados recém-eleitos se esmeravam em provar, com sua atitude correta e discreta, o absurdo que era atacá-los como anarquistas e atribuir sua eleição a uma vitória da Revolução. A 31 de maio foi aprovada a nova lei eleitoral. A Montanha contentou-se em enfiar sorrateiramente um protesto no bolso do presidente da Assembléia. À lei eleitoral seguiu-se uma nova lei de imprensa, pela qual a imprensa revolucionária foi totalmente suprimida. Merecera essa sorte. O *National* e *La Presse*, dois órgãos burgueses, ficaram depois desse dilúvio como a guarda mais avançada da Revolução.

Vimos como durante os meses de março e abril os dirigentes democráticos haviam feito tudo para envolver o povo de Paris em uma luta falsa e como, depois de 8 de maio, fizeram tudo para desviá-lo da luta efetiva. Além disso, não devemos esquecer que o ano de 1850 foi um dos anos mais esplêndidos de prosperidade industrial e comercial, e o proletariado de Paris atravessa, assim, uma fase de pleno emprego. A lei eleitoral de 31 de maio de 1850, porém, o excluiu de qualquer participação no poder político. Isolou-o da própria arena. Atirou novamente os operários à condição de párias que haviam ocupado antes da Revolução de Fevereiro. Deixando-se dirigir pelos democratas diante de um tal acontecimento e esquecendo os interesses revolucionários de sua classe por um bem-estar momentâneo, os operários renunciaram à honra de se tomarem uma força vencedora, submeteram-se à sua sorte, provaram que a derrota de junho de 1848 os pusera fora de combate por muitos anos e que o processo histórico teria por enquanto de passar *por cima* de sua cabeça. No que concerne à pequena burguesia — que a 13 de junho gritara: "Mas se ousarem investir contra o sufrágio universal, bem, então lhes mostraremos de que somos capazes!" — contentava-se agora em discutir que o golpe contra-revolucionário que a atingira não era golpe e que a lei de 31 de maio não era lei. No segundo domingo de maio de 1852 todos os franceses compareceriam às urnas empunhando em uma das mãos a cédula eleitoral e na outra a espada. Satisfez-se com essa profecia. Finalmente, o exército foi punido por seus oficiais superiores em vista das eleições de março e abril de 1850, como o tinha sido a 28 de maio de 1849. Desta vez, porém, declarou com decisão: "A revolução não nos enganará uma terceira vez".

A lei de 31 de maio de 1850 era o golpe de Estado da burguesia. Todas as vitórias até então conquistadas sobre a revolução tinham tido apenas um caráter provisório. Viam-se ameaçadas assim que cada Assembléia Nacional saía de cena. Dependiam dos riscos de uma nova eleição geral, e a história das eleições a partir de 1848 demonstrava irrefutavelmente que a influência moral da burguesia sobre as massas populares ia-se perdendo à medida que se desenvolvia seu poder efetivo. A 10 de março o sufrágio universal declarou-se diretamente contrário à dominação burguesa; a burguesia respondeu pondo fora da lei o sufrágio universal. A lei de 31 de maio era, portanto, uma das necessidades da luta de classes. Por outro lado, a Constituição estabelecia um mínimo de 2 milhões de votos para tornar válida a eleição do presidente da República. Se nenhum dos candidatos à presidência recebesse esse mínimo de sufrágios, a Assembléia Nacional deveria escolher o presidente entre os três candidatos mais votados. Na época em que a Assembléia Constituinte elaborara essa lei, as listas eleitorais registravam 10 milhões de eleitores. Em sua opinião, portanto, um quinto do eleitorado era suficiente para tornar válida a eleição presidencial. A lei de 31 de maio cortou das listas eleitorais pelo menos 3 milhões de votantes, reduziu para 7 milhões o número de eleitores e, não obstante, manteve o mínimo legal de 2 milhões de votos para a eleição presidencial. Elevou por conseguinte o mínimo legal de um quinto para quase um terço dos eleitores, ou seja, fez tudo para retirar a eleição do presidente das mãos do povo e entregá-la nas mãos da Assembléia Nacional. Assim, pela lei eleitoral de 31 de maio, o partido da ordem parecia ter tornado seu domínio duplamente garantido, entregando a eleição da Assembléia Nacional e do presidente da República ao setor mais estacionário da sociedade.

Capítulo V

Uma vez superada a crise revolucionária e abolido o sufrágio universal, irrompeu novamente a luta entre a Assembléia Nacional e Bonaparte.

A Constituição fixara em 600 mil francos o estipêndio de Bonaparte. Dentro de pouco mais de seis meses após sua posse, ele conseguiu elevar para o dobro essa importância, pois Odilon Barrot arrancou da Assembléia Nacional Constituinte uma verba suplementar de 600 mil francos para despesas ditas de representação. Depois do 13 de junho, Bonaparte provocara solicitações semelhantes, sem, contudo, despertar o apoio de Barrot. Agora, depois de 31 de maio, valeu-se imediatamente do momento favorável para fazer que seus ministros propusessem à Assembléia Nacional uma Lista Civil de 3 milhões. Uma longa vida de vagabundagem aventureira dotara-o de sensíveis antenas para sondar os momentos de fraqueza em que poderia extorquir dinheiro de seus burgueses. Praticava uma *chantage en règle*[1]. A Assembléia Nacional violara a soberania do povo com sua ajuda e aquiescência. Ele ameaçava denunciar esse crime ao tribunal do povo a menos que a Assembléia afrouxasse os cordões da bolsa e comprasse seu silêncio por 3 milhões anuais. A Assembléia despojara 3 milhões de franceses do direito de voto. Ele exigia para cada francês posto fora da circulação 1 franco em moeda circulante ou seja, precisamente 3 milhões de

[1] Chantagem em regra. (N. do E.)

francos. Ele, o eleito de 6 milhões, reclamava indenização pelos votos que, segundo declarava, tinham-lhe sido retrospectivamente roubados. A Comissão da Assembléia Nacional repeliu o inoportuno. A imprensa bonapartista ameaçou. Podia a Assembléia Nacional romper com o presidente da República em um momento em que rompera definitivamente, no fundamental, com a massa da nação? Rejeitou a Lista Civil, é verdade, mas concedeu, por essa única vez, uma verba suplementar de 2.160.000 francos. Tornou-se assim culpada da dupla fraqueza de conceder verbas e demonstrar ao mesmo tempo, com sua irritação, que o fazia a contragosto. Veremos mais adiante para que fins Bonaparte necessitava do dinheiro. Após esses sucessos vexatórios, que seguiram imediatamente a abolição do sufrágio universal e nos quais Bonaparte substituiu a atitude humilde que adotara durante a crise de março e abril pela impudência desafiadora do Parlamento usurpador, a Assembléia Nacional suspendeu suas sessões por três meses, de 11 de agosto a 11 de novembro. Em seu lugar deixou uma Comissão Permanente de 28 membros, que embora não incluísse nenhum bonapartista incluía alguns republicanos moderados. A Comissão Permanente de 1849 incluíra apenas homens do partido da ordem e bonapartistas. Mas naquela época o partido da ordem se declarava firmemente contrário à Revolução. Desta vez a república parlamentar declarou-se firmemente contrária ao presidente. Depois da lei de 31 de maio, era este o único rival com que se defrontava ainda o partido da ordem.

Quando a Assembléia Nacional reuniu-se novamente em novembro de 1850, parecia que, em vez das mesquinhas escaramuças que tivera até então com o presidente, uma grande luta implacável, uma luta de vida ou de morte entre o dois poderes, tornara-se inevitável.

Da mesma forma que em 1849, também durante o recesso parlamentar desse ano o partido da ordem fragmentara-se em facções distintas, cada qual ocupada com suas próprias intrigas de Restauração, que haviam adquirido novas forças com a morte de Luís Filipe. O rei legitimista, Henrique V, chegara a nomear um ministério formal, que residia em Paris e do qual participavam membros da Comissão Permanente. Bonaparte, por sua vez, tinha assim o direito de empreender uma excursão pelos departamentos da França e, dependendo da recepção que encontrava nas cidades que honrava com sua presença, divulgar, mais ou menos veladamente ou mais ou menos abertamente, seus próprios planos de Restauração e cabalar partidários. Nessas excursões, que o grande *Moniteur* oficial e os pequenos *Moniteurs* privados de Bonaparte tinham naturalmente de celebrar como triunfais, o presidente era constantemente acompanhado por elementos filiados à *Sociedade de 10 de Dezembro*. Essa sociedade originou-se em 1849. A pretexto de fundar uma sociedade beneficente o *lumpemproletariado* de Paris fora organizado em facções secretas, dirigidas por agentes bonapartistas e sob a chefia geral de um general bonapartista. Lado a lado com *roués* decadentes, de fortuna duvidosa e de origem duvidosa, lado a lado com arruinados e aventureiros rebentos da burguesia, havia vagabundos, soldados desligados do exército, presidiários libertos, forçados foragidos das galés, chantagistas, saltimbancos, *lazzaroni*, punguistas, trapaceiros, jogadores, *maquereaus*[2], donos de bordéis, carregadores, *literati*, tocadores de realejo, trapeiros, amoladores de facas, soldadores, mendigos — em suma, toda essa massa indefinida e desintegrada, atirada de ceca em meca, que os franceses chamam *la bohème*; com esses elementos afins, Bonaparte formou o núcleo da Sociedade de 10 de Dezembro. "Sociedade beneficente" no sentido de que todos os seus membros, como Bonaparte, sentiam necessidade de se beneficiar às expensas da nação laboriosa; esse Bonaparte, que se erige em *chefe do lumpemproletariado*, que só aqui reencontra, em massa, os interesses que ele pessoalmente persegue, que reconhece nessa escória, nesse refugo, nesse rebotalho de todas as classes a única classe em que pode apoiar-se incondicionalmente, é o verdadeiro Bonaparte, o Bonaparte *sans phrase*. Velho e astuto *roué*, concebe a vida histórica das nações e os grandes feitos do Estado como comédia em seu sentido mais vulgar, como uma mascarada onde as fantasias, frases e gestos servem apenas para disfarçar a mais tacanha vilania. Assim foi na sua expedição a Estrasburgo, em que um corvo suíço amestrado desempenhou o papel da águia napoleônica. Para a sua irrupção em Boulogne veste alguns lacaios londrinos em uniformes franceses; eles representam o exército[3]. Na sua Sociedade de 10 de Dezembro reúne 10 mil

---

[2] Alcoviteiros. (N. do E.)

[3] A primeira tentativa infrutífera de golpe de Estado feita por Luís Bonaparte ocorreu em Estrasburgo, em 1836. Sua segunda tentativa, igualmente infrutífera, foi em Boulogne, onde desembarcou em 1840 para se proclamar imperador. (N. do E.)

indivíduos desclassificados, que deverão desempenhar o papel do povo como Nick Bottom representara o papel do leão[4]. Em um momento em que a própria burguesia representava a mais completa comédia, mas com a maior seriedade do mundo, sem infringir nenhuma das condições pedantes da etiqueta dramática francesa, e estava ela própria meio iludida e meio convencida da solenidade de sua própria maneira de governar, o aventureiro que considerava a comédia como simples comédia tinha forçosamente de vencer. Só depois de eliminar seu solene adversário, só quando ele próprio assume a sério o seu papel imperial, e sob a máscara napoleônica imagina ser o verdadeiro Napoleão, só aí ele se torna vítima de sua própria concepção do mundo, o bufão sério que não mais toma a história universal por uma comédia e sim a sua própria comédia pela história universal. O que os *ateliers* nacionais eram para os operários socialistas, o que os *Gardes mobiles* eram para os republicanos burgueses, a Sociedade de 10 de Dezembro, a força de luta do partido característico de Bonaparte, era para ele. Em suas viagens, os destacamentos dessa sociedade, superlotando as estradas de ferro, tinham de improvisar público, encenar entusiasmo popular, urrar *vive l'Empereur*, insultar e espancar os republicanos; tudo, é claro, sob a proteção da polícia. Nas viagens de regresso a Paris tinham de formar a guarda avançada, impedir ou dispersar manifestações contrárias. A Sociedade de 10 de Dezembro pertencia-lhe, era obra *sua*, idéia inteiramente sua. Tudo o mais de que se apropria é posto em suas mãos pela força das circunstâncias; tudo o mais que faz é obra das circunstâncias ou simples cópia dos feitos de outros. Mas o Bonaparte que se apresenta em público, perante os cidadãos, com frases oficiais sobre a ordem, a religião, a família e a propriedade, trazendo atrás de si a sociedade secreta dos Schufterles e Spiegelbergs[5], a sociedade da desordem, da prostituição e do roubo — esse é o verdadeiro Bonaparte, o Bonaparte autor original, e a história da Sociedade de 10 de Dezembro é a sua própria história. Ocorreram casos, porém, de um outro representante do povo pertencente ao partido da ordem cair sob os porretes dos decem-

---

[4] Alusão à comédia de Shakespeare *Sonho de uma noite de verão*. (N. do E.)

[5] Schufterle e Spilgelberg são personagens do drama de Schiller, *Os salteadores*. (N. do E.)

bristas. Mais ainda. Yon, o comissário de Polícia destacado para a Assembléia Nacional e encarregado de velar por sua segurança, baseando-se no testemunho de um certo *Alais* denunciou à Comissão Permanente que uma facção decembrista resolvera assassinar o general Changarnier e Dupin, presidente da Assembléia Nacional, tendo já designado os indivíduos que deveriam perpetrar o feito. Compreende-se o pavor do Sr. Dupin. Parecia inevitável um inquérito parlamentar sobre a Sociedade de 10 de Dezembro, ou seja, a profanação do mundo secreto de Bonaparte. Pouco antes de se reunir a Assembléia Nacional, porém, este último previdentemente dissolveu a sua sociedade, mas claro que só no papel, pois em um longo memorial apresentado em fins de 1851 o chefe de Polícia, Carlier, tentava ainda em vão convencê-lo de dissolver realmente os decembristas.

A Sociedade de 10 de Dezembro deveria continuar como o exército particular de Bonaparte até que ele conseguisse transformar o exército regular em uma Sociedade de 10 de Dezembro. A primeira tentativa de Bonaparte nesse sentido ocorreu pouco depois de a Assembléia Nacional entrar em recesso, e foi financiada precisamente com as verbas que acabara de extorquir dela. Na sua qualidade de fatalista, ele vivia e vive ainda imbuído da convicção de que existem certas forças superiores às quais o homem, e especialmente o soldado, não pode resistir. Entre essas forças estão, antes e acima de tudo, os charutos e o champanhe, as fatias de peru e as salsichas feitas com alho. Conseqüentemente, começou por obsequiar oficiais e suboficiais, em seus salões no Eliseu, com charutos e champanhe, aves frias e salsichas feitas com alho. A 3 de outubro repetiu essa manobra com a massa das tropas na revista de St. Maur, e a 10 de outubro a mesma manobra, em maior escala, foi executada na parada militar de Satory. O tio relembrou as campanhas de Alexandre na Ásia, o sobrinho as marchas triunfais de Baco pelas mesmas terras. Alexandre era, certamente, um semideus, mas Baco era deus inteiro e, além disso, o deus tutelar da Sociedade de 10 de Dezembro.

Depois da revista de 3 de outubro a Comissão Permanente convocou o ministro da Guerra, d'Hautpoul. Este prometeu que tais infrações da disciplina não mais se repetiriam. Sabemos como Bonaparte cumpriu, a 10 de outubro, a palavra empenhada por d'Hautpoul. Na qualidade de comandante-geral do exército de Paris, Changarnier comandara as duas paradas. Sendo, ao mesmo tempo, membro da Comissão Permanente, chefe da Guarda Nacional, "salvador" de 29 de janeiro e de 13 de junho, "baluarte da sociedade", candidato do partido da ordem às honras presidenciais, o suspeito Monk de duas monarquias, ele nunca admitira até então a sua subordinação ao ministro da Guerra, sempre ridicularizara abertamente a Constituição republicana e perseguira Bonaparte com uma proteção ambígua e altiva. Consumia-se agora no zelo pela disciplina, contra o ministro da Guerra, e pela Constituição, contra Bonaparte. Enquanto a 10 de outubro uma ala da cavalaria levantava o brado: *Vive Napoleón! Vivent les saucissons!*[6], Changarnier providenciou para que pelo menos a infantaria que desfilava sob o comando de seu amigo Neumayer mantivesse um silêncio glacial. Como castigo, o ministro da Guerra, por instigação de Bonaparte, retirou ao general Neumayer o seu comando de Paris, a pretexto de nomeá-lo general comandante da 14ª. e 15ª. divisões militares. Neumayer recusou-se a mudar de posto, e teve, portanto, de se demitir. Changarnier, por seu turno, publicou a 2 de novembro uma ordem do dia em que proibia as tropas de participar de tumultos políticos ou de qualquer espécie de manifestações enquanto estivessem em armas. Os jornais do Eliseu[7] atacaram Changarnier; os jornais do partido da ordem atacaram Bonaparte; a Comissão Permanente realizou repetidas reuniões secretas, nas quais propôs repetidas vezes que a pátria fosse declarada em perigo; o exército parecia dividido em dois campos hostis, com dois estados-maiores hostis, um no Eliseu, onde residia Bonaparte, e o outro nas Tulherias, quartel-general de Changarnier. Parecia faltar apenas que a Assembléia Nacional se reunisse para que soasse o sinal da luta. O público francês julgou esses atritos entre Bonaparte e Changarnier como aquele jornalista inglês, que os caracterizou com as seguintes palavras: "As criadas políticas da França estão varrendo a lava ardente da revolução com vassouras velhas, e discutem entre si enquanto executam sua tarefa".

Enquanto isso, Bonaparte apressava-se em destituir o ministro da Guerra, d'Hautpoul, despachá-lo a toda a pressa para a Argélia, nomeando o general Schramm para substituí-lo no Ministério. A 12 de novembro enviou à Assembléia Nacional uma mensagem de prolixidade americana, sobrecarregada de detalhes, redolente de ordem,

[6] Viva Napoleão! Vivam as salsichas! (N. do E.)

[7] Jornais do Eliseu: jornais de tendências bonapartistas. (N. do E.)

desejosa de reconciliação, constitucionalmente aquiescente, tratando dos mais variados assuntos, exceto das *questions brûlantes*[8] do momento. Como que de passagem, observava que segundo as disposições expressas da Constituição só o presidente podia dispor do exército. A mensagem terminava com estas palavras grandiloqüentes:

> "*Acima de tudo, a França exige tranqüilidade... Preso, porém, por um juramento, manter-me-ei dentro dos estreitos limites que este juramento estabeleceu para mim...* No que me diz respeito, tendo sido eleito pelo povo e devendo o meu poder exclusivamente a ele, inclinar-me-ei sempre à sua vontade legalmente manifestada. No caso de decidirdes, nessa sessão, pela revisão da Constituição, uma Assembléia Constituinte regulamentará a situação do Poder Executivo. Em caso contrário, então o povo pronunciará solenemente a sua decisão em 1852. Quaisquer que possam ser, porém, as soluções do futuro, cheguemos a um acordo, para que a paixão, a surpresa ou a violência jamais decidam dos destinos de uma grande nação... O que me preocupa, acima de tudo, não é quem governará a França em 1852, mas como empregar o tempo que me resta a fim de que o período interveniente possa decorrer sem agitação ou perturbação. Abri-vos sinceramente o coração; respondereis a minha franqueza com a vossa confiança, aos meus bons propósitos com a vossa cooperação, e Deus se encarregará do resto".

A linguagem respeitável, hipocritamente moderada, virtuosamente corriqueira da burguesia, revela seu significado mais profundo na boca do autocrata da Sociedade de 10 de Dezembro e no herói de piquenique de St. Maur e Satory.

Os burgraves do partido da ordem não se deixaram iludir nem um só instante com a confiança que mereciam aqueles derrames do coração. A respeito de juramentos, há muito se haviam tornado descrentes, pois contavam em seu seio com veteranos e virtuosos do perjúrio político. Não lhes passara, tampouco, despercebida a passagem sobre o exército. Observaram com desagrado que na sua enfadonha enumeração de leis recém-promulgadas a mensagem omitia a lei mais importante, a lei eleitoral, com um silêncio estudado, e, além disso, no caso de não se proceder à reforma da Constituição,

[8] Questões candentes. (N. do E.)

deixava ao povo a eleição do presidente de 1852. A lei eleitoral era a esfera de chumbo acorrentada aos pés do partido da ordem, que o impedia de andar e, mais ainda, de investir para a frente! Além disso, com a dissolução oficial da Sociedade de 10 de Dezembro e a exoneração do ministro da Guerra, d'Hautpoul, Bonaparte sacrificara com as próprias mãos os bodes expiatórios no altar da pátria. Embotara a agressividade do choque esperado. Finalmente, o próprio partido da ordem procurava ansiosamente evitar, mitigar, atenuar, qualquer conflito decisivo com o Poder Executivo. Temerosos de perderem as conquistas adquiridas contra a Revolução, permitiram que seus rivais carregassem os frutos daquelas. "Acima de tudo, a França exige tranqüilidade." Isto fora o que o partido da ordem gritara à revolução desde fevereiro[9], isto era o que a mensagem de Bonaparte gritava ao partido da ordem. "Acima de tudo, a França exige tranqüilidade." Bonaparte cometia atos que visavam à usurpação, mas o partido da ordem cometia "desordem" se levantava um alarido contra esses atos e os interpretava com hipocondria. As salsichas de Satory mantinham-se quietas como ratos se ninguém falava nelas. "Acima de tudo, a França exige tranqüilidade". Bonaparte exigia, portanto, que o deixassem em paz para agir como lhe aprouvesse, e o partido parlamentar estava paralisado por um duplo medo, pelo medo de despertar novamente a intranqüilidade revolucionária e pelo medo de aparecer ele próprio, aos olhos de sua própria classe, aos olhos da burguesia, como o instigador da intranqüilidade. Conseqüentemente, uma vez que a França exigia acima de tudo tranqüilidade, o partido da ordem não ousou responder "guerra" depois que Bonaparte falou de "paz" em sua mensagem. O público, que esperara cenas de grande escândalo na reabertura das sessões da Assembléia Nacional viu-se roubado em suas expectativas. Os deputados da oposição, que exigiam fossem apresentadas as atas da Comissão Permanente sobre os acontecimentos de outubro, foram derrotados pelos votos da maioria. Eram evitados por princípio todos os debates que pudessem exaltar os ânimos. Os trabalhos da Assembléia Nacional durante novembro e dezembro de 1850 foram desprovidos de interesse.

Finalmente, por volta de fins de dezembro, começaram as guerrilhas sobre uma série de prerrogativas parlamentares. O movi-

[9] Do ano de 1848. (N. do E.)

mento limitava-se às disputas mesquinhas sobre as prerrogativas dos dois poderes, uma vez que a burguesia liquidara temporariamente a luta de classes, ao abolir o sufrágio universal.

Obtivera-se do tribunal um julgamento por dívidas contra Mauguin, um dos representantes do povo. Em resposta à solicitação do presidente do Tribunal, o ministro da Justiça, Rouher, declarou que deveria ser emitido o *capias* (mandado de prisão) contra o devedor, sem mais delongas. Mauguin foi, assim, atirado à prisão de devedores. A Assembléia Nacional inflamou-se ao tomar conhecimento do atentado. Não só ordenou que o preso fosse imediatamente posto em liberdade, como enviou seu *greffier*[10] para que o retirasse à força de Clichy naquela mesma noite. Entretanto, a fim de confirmar sua fé na santidade da propriedade privada e com a intenção oculta de abrir, em caso de necessidade, um abrigo para os *montagnards* que se tornassem difíceis, declarou permissível a prisão por dívidas de representantes do povo desde que fosse previamente obtido o seu consentimento. Esqueceu-se de decretar que também o presidente poderia ser encarcerado por dívidas. Destruiu a última aparência da imunidade que envolvia os membros de seu próprio organismo.

Recordemos que, agindo por informação prestada por um certo Alais, o Comissário de Polícia Yon denunciara que uma ala dos decembristas planejava assassinar Dupin e Changarnier. Com referência a esse fato, logo na primeira sessão os questores apresentaram uma proposta no sentido de que o Parlamento deveria constituir uma polícia própria, paga pela verba privada da Assembléia Nacional e absolutamente independente do chefe de Polícia. O ministro do Interior, Baroche, protestou contra essa invasão de seus domínios. Concluiu-se um acordo indigno, segundo o qual, é verdade, o comissário de polícia da Assembléia seria pago pela verba privada e seria nomeado e exonerado por seus questores, mas só mediante prévio acordo com o ministro do Interior. Nesse ínterim o governo instaurara processo criminal contra Alais, sendo fácil apresentar sua informação como falsa e, pela boca do promotor público, cobrir de ridículo Dupin, Changarnier, Yon e toda a Assembléia Nacional. Em seguida, a 29 de dezembro, o ministro Baroche escreve uma carta

[10] Oficial de justiça. (N. do E.)

a Dupin, na qual exige a demissão de Yon. A Mesa da Assembléia Nacional decide manter Yon em seu posto, mas a Assembléia Nacional, alarmada com a violência com que procedera no caso Mauguin e acostumada, quando se aventurava a assestar um golpe contra o Poder Executivo, a receber dois golpes de volta, não sanciona essa decisão. Exonera Yon como recompensa por seu zelo oficial, e despoja-se de uma prerrogativa parlamentar indispensável contra um homem que não decide de noite para executar de dia, mas que decide de dia e executa à noite.

Vimos como em grandes e importantes ocasiões durante os meses de novembro e dezembro a Assembléia Nacional evitou ou reprimiu a luta contra o Poder Executivo. Vemo-la agora compelida a empreendê-la pelos motivos mais mesquinhos. No caso Mauguin, ela confirma o princípio da prisão de representantes do povo por dívidas, mas reserva-se o direito de aplicá-lo apenas aos representantes que não lhe sejam gratos, e negocia esse infame privilégio com o ministro da Justiça. Em vez de se valer desse suposto plano de assassinato para decretar um inquérito na Sociedade de 10 de Dezembro e desmascarar Bonaparte irremissivelmente diante da França e da Europa, apresentando-o sob seu verdadeiro aspecto de chefe do *lumpemproletariado* de Paris, permite que o conflito desça ao ponto em que a única questão entre ela e o ministro do Interior é a de determinar quem tem autoridade para nomear ou demitir um comissário de polícia. Assim, durante todo esse período, vemos o partido da ordem compelido, por sua posição ambígua, a dissipar e desintegrar sua luta com o Poder Executivo em mesquinhas contendas sobre jurisdição, chicana, minúcias legais e disputas sobre limitação de poderes, fazendo das mais ridículas questões de forma, a substância de sua atividade. Não ousa enfrentar o conflito no momento em que este tem uma significação do ponto de vista de princípio, quando o Poder Executivo está realmente comprometido e a causa da Assembléia Nacional seria a causa de toda a nação. Fazendo-o, daria à nação ordem de marcha, e não há nada que a atemorize mais do que ver a nação movimentar-se. Rejeita, por conseguinte, as moções da Montanha e passa à ordem do dia. Uma vez abandonados os aspectos principais do problema em causa, o Poder Executivo espera calmamente a oportunidade de levantá-lo outra vez por motivos mesquinhos e insignificantes, quando não apresente, por assim dizer, senão um interesse parlamentar estreito e puramente local. Só aí estoura o ódio contido do partido da ordem, só aí ele arranca a cortina dos bastidores, acusa o presidente, declara a república em perigo; mas, então, também o seu furor parece absurdo e o motivo da luta parece um pretexto hipócrita, inteiramente desprovido de sentido. A tempestade parlamentar transforma-se em uma tempestade em copo de água, a luta em intriga, o conflito em escândalo. Enquanto as classes revolucionárias se deleitam em um prazer malévolo em face da humilhação da Assembléia Nacional, pois se entusiasmam pelas prerrogativas parlamentares dessa Assembléia tanto quanto esta se entusiasma pelas liberdades públicas, a burguesia de fora do Parlamento não compreende como a burguesia de dentro do Parlamento pode perder tanto tempo com disputas tão mesquinhas e comprometer a tranqüilidade pública com rivalidades tão tolas com o presidente. Confunde-se com uma estratégia que declara a paz no momento em que todo o mundo espera batalhas, e ataca no momento em que todo o mundo pensa que a paz foi concluída.

A 20 de dezembro Pascal Duprat interpelou ministro do Interior sobre a Loteria das Barras de Ouro. Essa loteria era "filha do Eliseu". Bonaparte, com seus fiéis adeptos, trouxera-a ao mundo; e o chefe de Polícia, Carlier, colocara-a sob sua proteção oficial, embora a lei francesa proíba todas as loterias com a exceção de rifas para beneficência. Sete milhões de bilhetes de loteria, a 1 franco cada um, cujos lucros destinavam-se, ostensivamente, a embarcar vagabundos parisienses para a Califórnia. Por um lado, queria-se que os sonhos dourados substituíssem os sonhos socialistas do proletariado de Paris; e que a perspectiva sedutora do primeiro prêmio substituísse o direito doutrinário ao trabalho. Os trabalhadores de Paris, naturalmente, não reconheceram no brilho das barras de ouro da Califórnia os modestos francos que tinham sido subtraídos de seus bolsos. No fundamental, porém, o assunto não passava de um legítimo logro. Os vagabundos que queriam encontrar minas de ouro da Califórnia sem se darem ao trabalho de sair de Paris eram o próprio Bonaparte e os endividados cavaleiros de sua Távola Redonda. Os 3 milhões votados pela Assembléia Nacional haviam sido gastos estroinamente; os cofres tinham de ser reabastecidos, fosse como fosse. Em vão Bonaparte abriu uma subscrição nacional para a construção das chamadas *cités ouvrières*[11], figurando à frente

[11] Núcleos residenciais para operários. (N. do E.)

da lista com uma soma considerável. Os burgueses cruéis esperaram desconfiadamente que ele pagasse a sua cota, e como isso, naturalmente, não aconteceu, a especulação sobre aqueles castelos no ar socialistas caiu imediatamente por terra. As barras de ouro deram melhor resultado. Bonaparte & Cia. não se contentaram em embolsar uma parte do excedente dos 7 milhões sobre as barras que seriam distribuídas como prêmios; fabricaram bilhetes falsos; emitiram 10, 15 e mesmo 20 bilhetes com o mesmo número — operação financeira bem de acordo com o espírito da Sociedade de 10 de Dezembro! A Assembléia Nacional defrontava-se aqui não com o fictício presidente da República, mas com Bonaparte em carne e osso. Podia apanhá-lo em flagrante, infringindo não a Constituição, mas o *Código Penal.* Se a Assembléia passou à ordem do dia, diante da interpelação de Duprat, isto não aconteceu apenas porque a moção de Girardin no sentido de declarar-se *satisfait* recordava ao partido da ordem sua própria corrupção sistemática. O burguês, e principalmente o burguês arvorado em estadista, complementa sua mesquinhez prática com sua extravagância teórica. Como estadista ele se transforma, assim como o poder estatal com que se defronta, em um ser superior que só pode ser combatido em uma forma superior, consagrada.

Bonaparte, que precisamente por ser um boêmio, um príncipe lumpen-proletário, levava vantagem sobre o burguês vil porque podia conduzir a luta por meios vis, viu agora, depois que a própria Assembléia o guiara, por sua própria mão, através do terreno escorregadiço dos banquetes militares, das revistas de tropas, da Sociedade de 10 de Dezembro e, finalmente, do Código Penal, que chegara o momento em que poderia passar de uma aparente defensiva à ofensiva. As pequenas derrotas sofridas nesse ínterim pelos ministros da Justiça, da Guerra, da Marinha e da Fazenda, pelas quais a Assembléia Nacional expressava seus rosnados de desagrado, incomodavam-no muito pouco. Não só impediu que os ministros renunciassem, e com isso admitissem a supremacia do Parlamento sobre o Poder Executivo, como se sentiu capaz de consumar agora o que começara durante o período de recesso da Assembléia Nacional: a separação entre o poder militar e o Parlamento, a *destituição de Changarnier.*

Um jornal do Eliseu publicou uma ordem do dia pretensamente dirigida, durante o mês de maio, à Primeira Divisão Militar e, portanto, procedente de Changarnier, na qual se recomendava aos oficiais, em caso de insurreição, que não poupassem os traidores dentro de suas fileiras, mas que os fuzilassem imediatamente, e que recusassem tropas à Assembléia Nacional, caso esta as requisitasse. A 3 de janeiro de 1851, o Gabinete foi interpelado sobre essa ordem do dia. Para investigar o assunto, solicitou um prazo, primeiro de três meses, depois de uma semana, e finalmente de apenas vinte e quatro horas. A Assembléia insistiu em uma explicação imediata. Changarnier levantou-se e declarou que tal ordem do dia jamais existiu. Acrescentou que se apressaria sempre em atender às exigências da Assembléia Nacional e que em caso de conflito esta podia contar com ele. A Assembléia recebeu essa declaração com aplausos indescritíveis e lhe concedeu um voto de confiança. Abdicou, assim, dos seus poderes, decretando a própria impotência e a onipotência do exército, ao colocar-se sob a proteção privada de um general; mas o general se iludia ao colocar à disposição da Assembléia, contra Bonaparte, um poder que só detinha por delegação do próprio Bonaparte, e quando, por seu turno, esperava ser protegido por esse Parlamento, pelo seu próprio protegido carente de proteção. Changarnier, porém, acreditava no poder misterioso com que a burguesia o dotara desde 29 de janeiro de 1849. Considerava-se a terceira força, em igualdade de condições com os outros dois poderes estatais. Compartilhava da sorte dos outros heróis, ou melhor, santos, dessa época, cuja grandeza consistia precisamente na auréola com que os cercavam interessadamente os seus próprios partidos, e que se reduzem a figuras comuns assim que as circunstâncias exigem milagres. A incredulidade é, geralmente, o inimigo mortal desses heróis supostos e santos verdadeiros. Daí sua majestosa indignação moral diante da falta de entusiasmo demonstrada pelos espirituosos e trocistas.

Naquela mesma noite os ministros foram chamados ao Eliseu; Bonaparte insiste na destituição de Changarnier; cinco ministros recusam-se a assiná-la; o *Moniteur* anuncia uma crise ministerial, e o partido da ordem ameaça formar um exército parlamentar sob o comando de Changarnier. O partido da ordem dispunha de poderes constitucionais para adotar essa medida. Tinha apenas de designar Changarnier, presidente da Assembléia e requisitar todas as tropas que quisesse para sua proteção. Podia fazê-lo com tanto maior segurança quanto Changarnier detinha ainda o mando efetivo do exército e da Guarda Nacional de Paris e aguardava apenas ser requisitado juntamente com o exército. A imprensa bonapartista não se atrevia no momento sequer a pôr em dúvida o direito da Assembléia Nacional de requisitar tropas diretamente, um escrúpulo legal que, dadas as circunstâncias, não augurava nenhum êxito. Considerando que Bonaparte teve de esquadrinhar Paris inteira, durante oito dias, para descobrir finalmente dois generais — Baraguey d'Hilliers e Saint-Jean d'Angely — que se declarassem dispostos a subscrever a destituição de Changarnier, é bem provável que o exército tivesse obedecido a ordens da Assembléia Nacional. É mais do que duvidoso, porém, que o partido da ordem tivesse encontrado em suas próprias fileiras e no Parlamento o número de votos necessário para essa resolução se se leva em conta que oito dias mais tarde 286 votos desligaram-se do partido e que em dezembro de 1851, na última oportunidade para decisão, a Montanha rejeitou ainda uma proposta semelhante. Não obstante, os burgraves poderiam talvez ter conseguido ainda arrastar a massa do partido a um heroísmo que consistia em se sentirem seguros por trás de uma floresta de baionetas e em aceitar os serviços de um exército que se passara para o seu campo. Em vez disso, na noite de 6 de janeiro, os senhores burgraves rumaram para o Eliseu a fim de forçar Bonaparte a desistir do propósito de destituir Changarnier mediante frases de estadistas e prementes razões de Estado. Quando se tenta persuadir alguém é porque se reconhece ser ele o dono da situação. A 12 de janeiro, Bonaparte, sentindo-se seguro em face daquela atitude, nomeia um novo Ministério, do qual continuam a participar os chefes do antigo, Fould e Baroche. Saint-Jean d'Angely é feito ministro da Guerra, o *Moniteur* publica o decreto de destituição de Changarnier, e seu comando é dividido entre Baraguey d'Hilliers, designado para a Primeira Divisão do Exército, e Perrot, que recebe o comando da Guarda Nacional. O baluarte da sociedade foi despedido, e se nenhuma telha cai dos telhados por esse motivo, as cotações da Bolsa, por outro lado, começam a subir.

Ao repelir o exército, que se põe, na pessoa de Changarnier, à sua disposição, e entregando-o, portanto, irremissivelmente, às mãos do presidente, o partido da ordem deixa evidente que a burguesia perdeu a capacidade de governar. Já não existia um governo parlamentar. Tendo agora perdido, efetivamente, o controle sobre o exército e a Guarda Nacional, que forças lhe restavam para manter simultaneamente a autoridade usurpada do Parlamento sobre o povo e sua autoridade constitucional contra o presidente? Nenhuma. Só lhe restava agora apelar para os princípios sem força, para princípios que ele próprio, partido da ordem, sempre interpretara como meras regras gerais, que se prescrevem aos outros a fim de garantir para si maior liberdade de movimentos. A destituição de Changarnier e a passagem do poder militar para as mãos de Bonaparte encerra a primeira parte do período que estamos considerando, o período da luta entre o partido da ordem e o Poder Executivo. A guerra entre os dois poderes é agora declarada abertamente, travada abertamente, mas só depois de o partido da ordem ter perdido tanto as armas como os soldados. Sem o Ministério, sem o exército, sem o povo, sem a opinião pública, não mais representando, depois de sua Lei Eleitoral de 31 de maio, a nação soberana, sem olhos, sem ouvidos, sem dentes, sem nada[12], a Assembléia Nacional transformara-se gradativamente em um Parlamento *ancien régime*, que tem de ceder a iniciativa ao governo e contentar-se com grunhidos recriminatórios *post festum* [13].

O partido da ordem recebe o novo Ministério com uma tempestade de indignação. O general Bedeau evoca a complacência da Comissão Permanente no período de recesso e a consideração excessiva que demonstrara ao abrir mão da publicação das atas de suas sessões. O ministro do Interior insiste agora, ele próprio, na publicação dessas atas que, naturalmente, nessa altura já se tornaram tão insossas como água estagnada, não revelam nenhum fato novo e não produzem o menor efeito sobre o público indiferente. Em face da proposta de Rémusat, a Assembléia Nacional recolhe-se às suas comissões e nomeia uma "Comissão para Medidas Extraordinárias". Paris abandona menos ainda o ramerrão de sua vida cotidiana, tanto mais quanto neste momento o comércio está próspero, as fábricas trabalham, os preços do trigo andam baixos, os gêneros alimentícios abundantes e as caixas econômicas recebem diariamente novos depósitos. As "medidas extraordinárias" que o Parlamento anunciou com tanto alarde evaporam-se, a 18 de janeiro, em um voto de censura ao Ministério, sem que o nome do general Changarnier seja sequer mencionado. O partido da ordem vira-se forçado a pôr a moção dessa forma a fim de assegurar os votos dos republi-

---

[12] "... sem olhos, sem ouvidos, sem dentes, sem nada..." — Referência ao fecho do monólogo de Jacques em *As you like it*, ato II, cena VII, de Shakespeare. (N. da Ed. bras.)

[13] "depois da festa", ou seja, "tardiamente". (N. do E.)

canos, pois de todas as medidas do Ministério a demissão de Changarnier é precisamente a única que os republicanos aprovam, ao passo que o partido da ordem não estava em situação de censurar os demais atos ministeriais que ele próprio ditara.

O voto de censura de 18 de janeiro foi aprovado por 415 votos contra 286. Só pôde passar, portanto, mediante uma *coligação* de legitimistas e orleanistas extremados com os republicanos puros e a Montanha. Provou assim que o partido da ordem perdera, em seus conflitos com Bonaparte, não só o Ministério, não só o exército, mas também sua maioria parlamentar independente; provou que uma ala de deputados desertara de seu lado, movida pelo fanatismo da conciliação, pelo medo de lutar, pela lassidão, por considerações de família sobre salários de parentes, por especulação em torno das pastas ministeriais que se tornassem vagas (Odilon Barrot), por esse vulgar egoísmo, enfim, que torna o burguês comum sempre pronto a sacrificar o interesse geral de sua classe por este ou aquele interesse particular. Desde o início, os representantes bonapartistas só aderiam ao partido da ordem na luta contra a Revolução. O dirigente do partido católico, Montalembert, tendo perdido as esperanças nas perspectivas de vida do partido parlamentar, já jogara então sua influência a favor dos bonapartistas. Finalmente, os dirigentes desse partido, Thiers e Berryer, o orleanista e o legitimista, viram-se compelidos a se declararem abertamente republicanos, a confessar que eram monarquistas de coração, mas que suas idéias eram republicanas, que a república parlamentar era a única forma de governo possível para o domínio efetivo da burguesia. Foram assim compelidos, perante a própria burguesia, a denunciar como uma trama tão perigosa quanto estúpida os planos de Restauração que continuavam incansavelmente a urdir às escondidas do Parlamento.

O voto de censura de 18 de janeiro atingiu os ministros, mas não o presidente. E não fora o Ministério, e sim o presidente, que destituíra Changarnier. Deveria o partido da ordem pronunciar-se a favor do *impeachment* do próprio Bonaparte, baseando-se em seus anseios de restauração? Mas estes eram meros complementos de seus próprios desejos. Em vista de sua conspiração, com referência às paradas militares e à Sociedade de 10 de Dezembro? Eles haviam de há muito enterrado esses temas sob simples ordens do dia. Em razão da destituição do herói de 29 de janeiro e de 13 de junho, do homem que em maio de 1850 ameaçou atear fogo em Paris no caso de ocorrer um levante? Seus aliados da Montanha, assim como

Cavaignac, não lhes permitiram sequer soerguer o ex-baluarte da sociedade por meio de um atestado oficial de simpatia. Eles próprios não podiam negar ao presidente o direito constitucional de demitir um general. Enfureceram-se apenas porque ele utilizou de maneira não parlamentar o seu direito constitucional. Não tinham eles com freqüência utilizado inconstitucionalmente suas prerrogativas parlamentares, especialmente com relação à abolição do sufrágio universal? Viram-se assim reduzidos a agir estritamente dentro dos limites parlamentares. E foi necessário passar por aquela doença peculiar que desde 1848 vem grassando em todo o continente, o *cretinismo parlamentar*, que mantém os elementos contagiados firmemente presos a um mundo imaginário, privando-os de todo senso comum, de qualquer recordação de toda compreensão do grosseiro mundo exterior — foi necessário passar por esse cretinismo parlamentar para que aqueles que haviam, com suas próprias mãos, destruído todas as condições do poder parlamentar, e que tinham necessariamente de destruí-las em sua luta com as outras classes, considerassem ainda como vitórias as suas vitórias parlamentares e acreditassem ferir o presidente quando investiam contra seus ministros. Deram-lhe apenas a oportunidade de humilhar novamente a Assembléia Nacional aos olhos da nação. A 20 de janeiro o *Moniteur* anunciava que fora aceita a renúncia coletiva do ministério. Sob o pretexto de que nenhum partido parlamentar dispunha já de maioria, como tinha sido provado pela votação de 18 de janeiro, fruto da coligação da Montanha com os monarquistas, e enquanto não se constituía uma nova maioria, Bonaparte nomeou um ministério dito de transição, no qual não figurava um único membro do Parlamento, sendo inteiramente composto de indivíduos absolutamente desconhecidos e insignificantes, um ministério de escreventes e copistas. O partido da ordem podia agora se fartar de brincar com esses bonecos de engonço; o Poder Executivo não mais julgava que valesse a pena estar seriamente representado na Assembléia Nacional. Quanto mais inexpressivo fossem os seus ministros, mais manifestamente Bonaparte concentrava em sua pessoa todo o Poder Executivo e maior margem tinha para explorá-lo para seus próprios interesses.

Em aliança com a Montanha, o partido da ordem vingou-se rejeitando a proposta, que o chefe da Sociedade de 10 de Dezembro obrigara seus escreventes ministeriais a apresentar, de conceder ao presidente uma dotação de 1.800.000 francos. Desta vez a questão foi decidida por uma maioria de apenas 102 votos; mais 27 votos tinham, assim, desertado desde 18 de janeiro; aumenta a desintegração do partido da ordem. Ao mesmo tempo, a fim de que nem por um momento pudesse haver qualquer sombra de dúvida quanto ao verdadeiro sentido de sua aliança com a Montanha, ele se negou com desprezo a considerar sequer uma proposta assinada por 189 membros da Montanha visando à concessão de anistia geral a todos os culpados de delitos políticos. Bastou que o ministro do Interior, um certo Vaïsse, declarasse que a tranqüilidade era apenas aparente, que em surdina reinava uma grande agitação, que sociedades multiformes estavam sendo organizadas secretamente, que os jornais democráticos preparavam-se para reaparecer, que os relatórios provenientes dos departamentos eram desfavoráveis, que os refugiados de Genebra dirigiam uma conspiração que, através de Lyon, alastrava-se por todo o sul da França, que a França estava à beira de uma crise industrial e comercial, que as fábricas de Roubaix haviam reduzido a jornada de trabalho, que os prisioneiros de Belle Isle[14] estavam amotinados — bastou que um simples Vaïsse conjurasse o fantasma vermelho para que o partido da ordem rejeitasse sem discussão uma moção que teria certamente dado imensa popularidade à Assembléia Nacional e forçado Bonaparte a atirar-se novamente em seus braços. Em vez de se deixar intimidar pelo Poder Executivo com a perspectiva de novos distúrbios, devia ter dado à luta de classes uma pequena oportunidade, a fim de manter o Poder Executivo na dependência. Não se sentiu, porém, capaz de brincar com fogo.

Entretanto, o Ministério dito de transição continuou a vegetar até meados de abril. Bonaparte cansou e ludibriou a Assembléia Nacional com constantes reformas ministeriais. Ora, parecia querer formar um Ministério republicano com Lamartine e Billault, ora um Ministério parlamentar com o inevitável Odilon Barrot, cujo nome jamais poderá faltar quando se precisar de uma vítima facilmente enganável, em seguida um Ministério legitimista com Vatimesnil e Benoist d'Azy, em seguida novamente um ministério orleanista com Maleville. Enquanto mantinha assim a tensão entre as diferentes facções do partido da ordem, alarmando-as todas com a perspectiva de um Ministério republicano e a conseqüente

[14] Ilha na costa ocidental da França, onde eram encarcerados os revolucionários condenados depois de 1848. (N. do E.)

restauração inevitável do sufrágio universal, instilava ao mesmo tempo na burguesia a convicção de que seus esforços sinceros para formar um Ministério parlamentar estavam sendo frustrados pela incapacidade de reconciliação existente entre as facções monarquistas. A burguesia, entretanto, clamava ainda mais alto por um "governo forte"; achava tanto mais imperdoável deixar a França "sem administração" quanto mais parecia agora iminente uma crise comercial geral, que conquistava recrutas para o socialismo nas cidades da mesma forma que o preço ruinoso do trigo o fazia no campo. O comércio diminuía dia a dia, o número de desempregados aumentava visivelmente, havia pelo menos dez mil operários famintos em Paris, inúmeras fábricas estavam paralisadas em Rouen, Mulhouse, Lyon, Roubaix, Tourcoing, St. Etienne, Elbeuf, etc. Em tais circunstâncias Bonaparte pôde aventurar-se a restaurar, a 11 de abril, o Ministério de 18 de janeiro: os Srs. Rouher, Fould, Baroche, etc., reforçados pelo Sr. Léon Faucher, que a Assembléia Constituinte, em seus últimos dias, denunciara unanimemente, com exceção apenas dos votos de cinco ministros, endereçando-lhe um voto de censura pelo envio de telegramas falsos. A Assembléia Nacional obtivera assim uma vitória sobre o Ministério a 18 de janeiro, lutara durante três meses contra Bonaparte, para acabar vendo Fould e Baroche admitirem a 11 de abril o ingresso do puritano Faucher como *tertius* em sua aliança ministerial.

Em novembro de 1849 Bonaparte contentara-se com um Ministério *não-parlamentar*, em janeiro de 1851 com um Ministério *extraparlamentar*, e a 11 de abril sentiu-se suficientemente forte para constituir um Ministério *natiparlamentar*, que combinava harmoniosamente em si os votos de censura das duas Assembléias, a Constituinte e a Legislativa, a republicana e a realista. Essa gradação de ministérios era o termômetro com o qual o Parlamento podia medir a queda de seu próprio calor vital. Em fins de abril este caíra a tal ponto que Persigny, em uma entrevista pessoal, pôde instar Changarnier para que se passasse ao campo do presidente. Assegurou-lhe que Bonaparte considerava completamente destruída a influência da Assembléia Nacional e que já estava pronta a proclamação que deveria ser publicada depois do golpe de Estado, firmemente projetado, mas que as circunstâncias haviam feito novamente adiar. Changarnier informou os dirigentes do partido da ordem do aviso fúnebre, mas quem acredita que as mordidas dos percevejos sejam mortais? E o Parlamento combalido, desintegrado, marcado pela morte como estava, não podia convencer-se a ver em seu duelo com o chefe grotesco da Sociedade de 10 de Dezembro alguma coisa a mais do que um duelo com um percevejo. Bonaparte, porém, respondeu ao partido da ordem como Agesilau respondera ao rei Ágis: “Em tua opinião assemelho-me a uma formiga, mas um dia serei leão”.

Capítulo VI

A aliança com a Montanha e os republicanos puros, à qual o partido da ordem viu-se condenado no esforço vão de conservar o poder militar e reconquistar o controle supremo sobre o Poder Executivo, provou irrefutavelmente que ele perdera sua *maioria parlamentar* própria. A 28 de maio, o simples poder do calendário, do ponteiro do relógio, deu o sinal para sua completa desintegração. Com o 28 de Maio teve início o ultimo ano de vida da Assembléia Nacional. Tinha agora de se decidir ou a manter inalterada a Constituição ou a reformá-la. A revisão da Constituição, porém, não implicava apenas o domínio da burguesia ou da democracia pequeno-burguesa, democracia ou anarquia proletária, república parlamentar ou Bonaparte: significava também Orléans ou Bourbon! Surgiu assim no Parlamento o pomo de discórdia que teria forçosamente de inflamar abertamente o conflito de interesses que dividia o partido da ordem em facções hostis. O partido da ordem era um combinado de substâncias sociais heterogêneas. A questão da revisão gerou uma temperatura política na qual ele voltou a se decompor em seus elementos primitivos.

O interesse dos bonapartistas na revisão era simples. Para eles tratava-se, sobretudo, de abolir o Artigo 45, que proibia a reeleição de Bonaparte e a prorrogação de seus poderes. A posição dos republicanos não parecia menos simples. Rejeitavam incondicionalmente qualquer revisão; viam nela uma conspiração universal contra a república. Considerando que controlavam *mais de um quarto dos votos* da Assembléia Nacional e que de acordo com a Constituição eram necessários três quartos dos votos para tornar legalmente válida a resolução de reforma e para convocar a Assembléia encarregada de proceder a essa revisão, tinham apenas de contar seus votos para terem certeza da vitória. E tinham certeza da vitória.

Diante de posições tão definidas o partido da ordem via-se preso em contradições inextricáveis. Se rejeitasse a reforma estaria pondo em perigo o *status quo*, uma vez que teria deixado a Bonaparte apenas uma saída, pela força, e no segundo domingo de maio de 1852, na hora decisiva, estaria entregando a França à anarquia revolucionária, com um presidente que perdera a autoridade, com um Parlamento que há muito não a possuía, e com um povo que se mostrava disposto a reconquistá-la. Se votasse a favor da reforma constitucional, sabia que votava em vão e que teria forçosamente de fracassar inconstitucionalmente, se declarasse válida a simples maioria de votos, só poderia então esperar dominar a Revolução submetendo-se incondicionalmente ao Poder Executivo, o que tornaria Bonaparte dono da Constituição, da reforma e do próprio partido. Uma reforma apenas parcial, que prorrogasse a autoridade do presidente, prepararia o caminho para a usurpação imperial. Uma revisão geral que encurtasse a vida da república lançaria as pretensões dinásticas em inevitável conflito, pois as condições de restauração dos Bourbons e dos orleanistas eram não só diferentes, como se excluíam mutuamente.

A *república parlamentar* era mais do que o campo neutro no qual as duas facções da burguesia francesa, os legitimistas e orleanistas, a grande propriedade territorial e a indústria podiam viver lado a lado com igualdade de direitos. Era a condição inevitável para seu domínio *em comum*, a única forma de governo no qual seu interesse geral de classe podia submeter ao mesmo tempo tanto as reivindicações de suas diferentes facções como as demais classes da sociedade. Na qualidade de monarquistas, eles recaiam em seu velho antagonismo, na luta pela supremacia do latifúndio ou do capital, e a mais alta expressão desse antagonismo, sua personificação, eram seus próprios reis, suas dinastias. Daí a resistência do partido da ordem à *volta dos Bourbons*.

Creton, orleanista e representante do povo, apresentara periodicamente em 1849, 1850 e 1851 uma moção propondo a revogação do decreto de exílio das famílias reais. Com a mesma regularidade, o Parlamento fornecia o espetáculo de uma Assembléia de monarquistas que obstinadamente impedia a passagem através da qual seus reis exilados podiam retornar à pátria. Ricardo III assassinara Henrique VI observando que ele era bom demais para este mundo e que seu lugar era no céu. Eles declaravam que a França era demasiado má para receber novamente seus reis. Compelidos pelas circunstâncias, haviam-se convertido em republicanos e sancionavam repetidas vezes a decisão popular que bania seus reis da França.

A reforma da Constituição — e as circunstâncias obrigavam a que fosse tomada em consideração — punha em julgamento, juntamente com a república, o governo comum das duas facções burguesas, e reavivava, com a possibilidade da monarquia, a rivalidade de interesses que esta representara alternadamente como preponderantes, a luta pela supremacia de uma facção sobre a outra. Os diplomatas do partido da ordem pensavam que podiam solucionar a contenda pelo amálgama das duas dinastias, por meio de uma suposta *fusão* dos partidos monarquistas e de suas casas reais. A verdadeira fusão da Restauração e da Monarquia de Julho, porém, foi a república parlamentar, na qual se amalgamaram as cores orleanista e legitimista e desapareceram as várias espécies de burgueses, dando lugar ao burguês propriamente dito, à espécie burguesa. Agora, entretanto, o orleanista devia tornar-se legitimista e o legitimista, orleanista. A realeza, em que se personificava seu antagonismo, devia encarnar sua união; a expressão de seus interesses exclusivos de facção deveria tornar-se a expressão de seu interesse de classe comum; a monarquia deveria fazer o que só a abolição de duas monarquias, a república, podia fazer e de fato fez. Era a pedra filosofal que os doutores do partido da ordem quebravam a cabeça para descobrir. Como se a monarquia legitimista pudesse jamais se converter na monarquia da burguesia industrial ou a monarquia burguesa jamais se converter na monarquia da tradicional aristocracia da terra. Como se o latifúndio e a indústria pudessem irmanar-se sob uma só coroa, quando a coroa só podia descer sobre uma cabeça, a do irmão mais velho ou a do mais jovem. Como se a indústria pudesse chegar a algum acordo com o latifúndio enquanto este não se decidisse a tornar-se industrial. Se Henrique V morresse no dia seguinte, o conde de Paris não se tornaria por isso o rei dos legitimistas, a menos que deixasse de ser o rei dos orleanistas. Os filósofos da fusão, entretanto, que se tornavam mais vociferantes à medida que a questão da reforma passava ao primeiro plano, que haviam feito da *Assemblée Nationale* seu diário oficial e que se acham novamente empenhados em seu trabalho mesmo nesse momento (fevereiro de 1852), consideravam que toda a dificuldade provinha da oposição e rivalidade entre as duas dinastias. As tentativas de reconciliar a família Orléans com Henrique V começaram desde a morte de Luís Filipe, mas, como acontece geralmente com as intrigas dinásticas, só eram encenadas durante os períodos de recesso da Assembléia Nacional, nos *entreatos*, por detrás dos bastidores, mais por coqueteria sentimental com a velha superstição do que com propósitos sérios, converteram-se agora em grandes representações de Estado, desempenhadas pelo partido da ordem no cenário público, em vez das representações de amadores que vinham sendo encenadas até então. Os mensageiros correm de Paris a Veneza, de Veneza a Claremont, de Claremont a Paris. O conde de Chambord lança um manifesto no qual, "com a ajuda de todos os membros de sua família", anuncia não a sua, mas a Restauração "nacional". O orleanista Salvandy atira-se aos pés de Henrique V. Os chefes legitimistas, Berryer, Benoist d'Azy, Saint-Priest, viajam até Claremont a fim de convencer os orleanistas, porém em vão. Os adeptos da fusão percebem tarde demais que os interesses das duas facções burguesas nem perdem seu exclusivismo nem adquirem maleabilidade quando acentuados na forma de interesse de família, interesses de duas casas reais. Se Henrique V viesse a reconhecer o conde de Paris como seu sucessor — o único êxito que, na melhor das hipóteses, poderia alcançar a fusão —, a Casa de Orléans não conquistaria nenhum direito que já não tivesse assegurado em razão da ausência de herdeiros de Henrique V, mas perderia, por outro lado, todos os direitos que alcançara com a Revolução de Julho. Renunciaria a suas pretensões primitivas, a todos os títulos que arrancara do ramo mais antigo dos Bourbons em quase cem anos de luta; trocaria sua prerrogativa histórica, a prerrogativa do reino moderno, pela prerrogativa de sua árvore genealógica. A fusão, portanto, não representaria senão a abdicação voluntária da Casa de Orléans, sua renúncia à legitimidade, o recuo arrependido da Igreja protestante do Estado à Igreja católica. Um recuo que, ademais, não a conduziria sequer ao trono que perdera, mas apenas aos degraus do trono onde nascera. Os velhos ministros orleanistas, Guizot, Duchâtel, etc., que acorriam também a Claremont a fim de advogar a fusão, representavam na realidade apenas o *Katzenjammer*[1] da Revolução de

[1] Ressaca. (N. do E.)

Julho, a desilusão em face do reino burguês e da realeza da burguesia, a crença supersticiosa na legitimidade como o último amuleto contra a anarquia. Embora se afigurassem como mediadores entre os Orléans e os Bourbons, eles nada mais eram, na realidade, do que orleanistas renegados, e o príncipe de Joinville recebeu-os como tais. Por outro lado, a ala orleanista que tinha possibilidades de se desenvolver, seu setor belicoso, Thiers, Baze, etc., convenceu com tanto maior facilidade a família de Luís Filipe de que, se qualquer restauração diretamente monarquista pressupunha a fusão das duas dinastias e uma tal fusão pressupunha a abdicação da Casa de Orléans, estava, pelo contrário, perfeitamente de acordo com a tradição de seus antepassados reconhecer no momento a república e esperar até que os acontecimentos permitissem converter em trono a cadeira presidencial. Circularam rumores sobre a candidatura de Joinville, aguçou-se a curiosidade do público e, alguns meses mais tarde, em setembro, após a rejeição da reforma constitucional, sua candidatura foi publicamente proclamada.

A tentativa de realizar uma fusão de orleanistas e legitimistas, portanto, não só fracassara como destruíra sua *fusão parlamentar*, sua forma comum republicana, e fragmentara o partido da ordem em seus elementos componentes; mas quanto mais crescia a divergência entre Claremont e Veneza, quanto mais falhavam as possibilidades de acordo e a agitação de Joinville ganhava terreno, tanto mais vivas e intensas se tornavam as negociações entre o ministro bonapartista Faucher e os legitimistas.

A desintegração do partido da ordem não se deteve ao reduzir-se a seus elementos primitivos. Cada uma das duas alas principais, por sua vez, experimentou novo processo de decomposição. Era como se todos os velhos matizes que anteriormente lutavam e se debatiam um contra o outro dentro de cada um dos dois campos, tanto do legitimista como do orleanista, como infusórios secos ao contato da água, tivessem novamente adquirido suficiente energia vital para constituir grupos próprios e antagonismos independentes. Os legitimistas imaginavam estar novamente em meio às controvérsias existentes entre as Tulherias e o Pavilhão Marsan[2], entre

[2] Referência ao conflito existente, durante a Restauração, entre Luís XVIII, que residia no Palácio das Tulherias, e o representante de uma política ainda reacionária, o conde d'Artois (que se tornou o rei Carlos X), irmão de Luís XVIII, que residia no Pavilhão Marsan. (N. do E.)

Villèle e Polignac. Os orleanistas reviviam os tempos áureos dos torneios entre Guizot, Molé, Broglie, Thiers e Odilon Barrot.

A ala do partido da ordem que ansiava pela reforma, mas que estava novamente cindida sobre a questão dos limites dessa reforma, uma ala composta por legitimistas chefiados de um lado por Berryer e Failoux e de outro lado por La Rochejaquelin, bem como pelos orleanistas cansados de lutar chefiados por Molé, Broglie, Montalembert e Odilon Barrot, entrou em acordo com os representantes bonapartistas sobre a seguinte moção, indefinida e ampla: "Os representantes abaixo assinados, tendo em vista restaurar a nação no pleno exercício de sua soberania, propõem que seja procedida a reforma da Constituição". Não obstante, ao mesmo tempo declaravam unanimemente, por meio de seu porta-voz, Tocqueville, que a Assembléia Nacional não tinha o direito de propor a *abolição da república*, que esse direito cabia exclusivamente à Câmara encarregada da reforma. Quanto ao mais, a Constituição só poderia ser reformada de *maneira* "legal", ou seja, se, conforme o preceito constitucional, três quartos dos votos se manifestassem a favor da reforma. A 19 de julho, depois de seis dias de tempestuosos debates, a reforma foi rejeitada, como era de esperar. Houve 446 votos a favor, mas 278 contrários. Os orleanistas extremados, Thiers, Changarnier, etc., votaram com os republicanos e a Montanha.

A maioria do Parlamento declarou-se, assim, contra a Constituição, mas essa mesma Constituição declarava-se a favor da minoria e estabelecia como decisivo o pronunciamento desta. Não tinha o partido da ordem, entretanto, a 31 de maio de 1850 e a 13 de junho de 1849, subordinado a Constituição à maioria parlamentar? Não fora toda a sua política baseada até agora na subordinação dos parágrafos da Constituição às decisões da maioria parlamentar? Não deixara aos democratas a superstição bíblica na letra da lei, e castigado por isso esses mesmos democratas? No momento, porém, a reforma da Constituição não significava senão a manutenção do poder presidencial, da mesma forma que a manutenção da Constituição significava apenas a deposição de Bonaparte. O Parlamento manifestava-se favorável a ele, mas a Constituição declarava-se contra o Parlamento. Ele, portanto, agiu de acordo com o Parlamento quando rasgou a Constituição, e de acordo com a Constituição quando dissolveu o Parlamento.

O Parlamento declarara a Constituição, e com ela seu próprio poder, "acima da maioria"; mediante seus votos *ab-rogara* a

Constituição e prorrogara o poder presidencial, declarando ao mesmo tempo que nem aquela podia morrer nem este viver enquanto ele próprio continuasse a existir. Os que deveriam enterrá-lo já esperavam à porta. Enquanto o Parlamento discutia a reforma, Bonaparte destituiu o general Baraguey d'Hilliers, que se mostrara irresoluto no comando da Primeira Divisão do Exército, nomeando para substituí-lo o general Magnan, o vencedor de Lyon, o herói das jornadas de dezembro, uma de suas criaturas, que sob Luís Filipe, por ocasião da expedição a Boulogne, já se comprometera mais ou menos a favor de Bonaparte.

Com sua decisão sobre a reforma o partido da ordem demonstrou que não sabia nem governar nem servir; nem morrer; nem suportar a república, nem a derrubar; nem defender a Constituição, nem cooperar com o presidente, nem romper com ele. De onde esperava então a solução de todas as contradições? Do calendário, da marcha dos acontecimentos. Deixou de se arvorar em árbitro dos acontecimentos. Desafiou, portanto, os acontecimentos a assumirem o controle sobre ele, desafiando dessa maneira o poder ao qual, no decurso da luta contra o povo, cedera uma prerrogativa atrás da outra, até permanecer impotente diante desse poder. A fim de que o chefe do Poder Executivo pudesse com maior tranqüilidade traçar contra ele seu plano de campanha, reforçar seus meios de ataque, escolher suas armas e fortificar suas posições, precisamente nesse momento crítico o Parlamento resolveu retirar-se de cena e suspender suas sessões durante três meses, de 10 de agosto a 4 de novembro.

O partido parlamentar não só se desdobrara em suas duas grandes facções, cada uma dessas não só se subdividia por sua vez, mas o partido da ordem, no Parlamento, havia-se separado do partido da ordem *fora* desse Parlamento. Os arautos e escribas da burguesia, suas tribunas e sua imprensa, em suma, os ideólogos da burguesia e a própria burguesia, os representantes e os representados, enfrentavam-se uns alheios aos outros e não mais se compreendiam.

Os legitimistas das províncias, com seu horizonte limitado e seu entusiasmo ilimitado, acusavam seus dirigentes parlamentares, Berryer e Falloux, de haverem desertado para o campo bonapartista, de terem abandonado Henrique V. Seus cérebros liriais acreditavam no pecado original, mas não na diplomacia.

Muito mais fatal e decisiva foi a ruptura da burguesia comercial com seus políticos. Censuravam-nos, não como os legitimistas censuravam os seus, por terem abandonado seus princípios, mas, pelo contrário, por se aferrarem a princípios que já se haviam tornado inúteis.

Já indiquei acima como, desde a entrada de Fould para o Ministério, a ala da burguesia comercial que detivera a parte do leão no governo de Luís Filipe, ou seja, a *aristocracia financeira*, tornara-se bonapartista. Fould não representava apenas os interesses de Bonaparte na Bolsa, representava também os interesses da Bolsa junto a Bonaparte. A posição da aristocracia financeira está pintada de forma magistral em uma passagem de seu órgão europeu, *The Economist* de Londres. Em seu número de 1º. de fevereiro de 1851 escreve o correspondente de Paris: "Tivemos oportunidade de comprovar em numerosas fontes que a França deseja, acima de tudo, a tranqüilidade. O presidente o declara em sua mensagem à Assembléia Legislativa; e o mesmo é repetido da tribuna; afirmado nos jornais; anunciado do púlpito; e "é demonstrado pela sensibilidade dos títulos públicos à menor perspectiva de perturbação, e por sua estabilidade quando se torna evidente que o Poder Executivo sai vitorioso".

Em seu número de 29 de novembro de 1851, *The Economist* declara em seu próprio nome: "O presidente é o guardião da ordem, e é agora reconhecido, como tal em todas as Bolsas de Valores da Europa". A aristocracia financeira condenava, portanto, a luta parlamentar do partido da ordem contra o Poder Executivo como uma *perturbação da ordem*, e comemorava cada vitória do presidente sobre os supostos representantes dela como *vitórias da ordem*. Por aristocracia financeira não se deve entender aqui apenas os grandes promotores de empréstimos e especuladores de títulos públicos, a respeito dos quais se torna imediatamente óbvio que seus interesses coincidem com os interesses do poder público. Todo o moderno círculo financeiro, todo o setor de atividades bancárias está entrelaçado na forma mais íntima com o crédito público. Parte de seu capital ativo é necessariamente invertida e posta a juros em títulos públicos de fácil resgate. Os depósitos de que dispõem, o capital posto à sua disposição e por eles distribuído entre comerciantes e industriais, provêm em parte dos dividendos de possuidores de títulos do governo. Se em todas as épocas a estabilidade do poder público significava tudo para todo o mercado financeiro e para os oficiantes desse mercado financeiro, por que não o seria hoje, e com muito mais razão, quando cada dilúvio ameaça destruir os velhos Estados e, com eles, as velhas dívidas do Estado?

Também a *burguesia industrial*, em seu fanatismo pela ordem, irritava-se com as disputas em que o partido da ordem se empenhava no Parlamento com o Poder Executivo. Depois de seu voto a 18 de janeiro, por ocasião da destituição de Changarnier, Thiers, Anglas, Saint-Beuve, etc., receberam precisamente de seus constituintes dos distritos industriais censuras públicas, nas quais sua coligação com a Montanha era particularmente condenada como alta traição contra a ordem. Se, como vimos, as críticas jactanciosas, as mesquinhas intrigas que assinalaram a luta do partido da ordem contra o presidente, não mereceram melhor recepção, então por outro lado, esse partido burguês, que exigia que seus representantes permitissem, sem oferecer resistência, que o poder militar passasse das mãos de seu próprio Parlamento para as de um pretendente aventureiro — não era sequer digno das intrigas desperdiçadas em sua intenção. Demonstrou que a luta para manter seus interesses *públicos*, seus próprios *interesses de classe*, seu *poder político*, só lhe trazia embaraço e desgostos, pois constituía uma perturbação dos seus negócios privados.

Quase que sem exceções os dignitários burgueses das cidades da província, as autoridades municipais, os juízes dos tribunais comerciais, etc., recebiam Bonaparte em todas as localidades que visitava em suas excursões da maneira mais abjeta mesmo quando, como aconteceu em Dijon, ele desferiu um ataque sem reservas contra a Assembléia Nacional e, especialmente, contra o partido da ordem.

Quando o comércio era próspero, como ainda era em princípios de 1851, a burguesia comerciante enfurecia-se contra qualquer luta parlamentar, temendo que o comércio viesse a ressentir-se disso. Quando o comércio andava mal, como acontecia constantemente a partir do fim de fevereiro de 1851, a burguesia comerciante acusava as lutas parlamentares como responsáveis pela paralisação e clamava para que cessassem, a fim de que o comércio pudesse desenvolver-se novamente. Os debates sobre a reforma coincidiram justamente com esse período difícil. Tratando-se aqui da questão do ser ou não ser da forma de governo vigente, a burguesia sentia-se tanto mais autorizada a exigir que seus representantes pusessem fim a essa torturante situação provisória e mantivessem ao mesmo tempo o *status quo*. Não havia nisso nenhuma contradição. Por fim, da situação provisória ela compreendia precisamente a sua perpetuação, o adiamento para um futuro distante do momento em que uma decisão tivesse de ser tomada. O *status quo* só poderia ser mantido de duas maneiras: pela prorrogação do poder de Bonaparte, ou mediante sua renúncia constitucional e a eleição de Cavaignac. Um setor da burguesia desejava esta última solução e não soube dar a seus representantes outro conselho senão o de que se conservassem em silêncio e não tocassem na questão candente. Estavam convencidos de que se seus representantes não falassem, Bonaparte não agiria. Queriam um Parlamento-avestruz, que escondesse a cabeça para permanecer oculto. Outro setor da burguesia desejava, tendo em vista que Bonaparte já se encontrava na presidência, que continuasse no posto, a fim de que tudo pudesse prosseguir na mesma rotina de sempre. Irritavam-se por não ter o Parlamento violado abertamente a Constituição e abdicado sem maiores formalidades.

Os Conselhos Gerais dos Departamentos, aqueles organismos provinciais que representavam a alta burguesia e que se reuniam a partir de 25 de agosto, durante o período de recesso da Assembléia Nacional, manifestaram-se quase por unanimidade pela reforma, e, por conseguinte, contra o Parlamento e a favor de Bonaparte.

De maneira ainda mais inequívoca do que o seu afastamento de seus próprios *representantes parlamentares*, a burguesia demonstrou sua cólera contra seus representantes literários, sua própria imprensa. As sentenças, condenando ruinosas multas e a descabidos períodos de encerramento ditadas pelos júris burgueses por qualquer ataque de jornalistas burgueses contra os desejos usurpatórios de Bonaparte, por qualquer tentativa da imprensa de defender os direitos políticos da burguesia contra o Poder Executivo, assombravam não só a França, como toda a Europa.

Se o *partido parlamentar da ordem*, com seu clamor pela tranqüilidade, como demonstrei, comprometia-se a manter-se tranqüilo, se declarava o domínio político da burguesia incompatível com a segurança e a existência da burguesia, destruindo com as próprias mãos, na luta contra as demais classes da sociedade, todas as condições necessárias ao seu próprio regime, o regime parlamentar, por outro lado a *massa extraparlamentar da burguesia*, com seu servilismo para com o presidente, com seus insultos ao Parlamento, com maus-tratos à sua própria imprensa, convidava Bonaparte a suprimir e aniquilar o setor do partido que falava e escrevia, seus políticos e literatos, sua tribuna e sua imprensa, a fim de poder entregar-se então a seus negócios particulares com plena confiança, sob a proteção de um governo forte e absoluto. Declarava inequivocamente que ansiava por se livrar de seu próprio domínio político a fim de se livrar das tribulações e perigos desse domínio.

E essa massa, que já se rebelara contra a luta puramente parlamentar e literária pelo domínio de sua própria classe e traíra os dirigentes dessa luta, ousa agora, depois do caso passado, acusar o proletariado por não se ter levantado em uma luta sangrenta, uma luta de vida ou de morte, em sua defesa! Essa massa, que sacrificava a cada momento seus interesses gerais de classe, isto é, seus interesses políticos, aos mais mesquinhos e mais sórdidos interesses particulares, e exigia de seus representantes idêntico sacrifício, queixa-se agora de que o proletariado não se tenha sacrificado aos seus interesses materiais, os interesses políticos ideais dela! Apresenta-se como uma alma pura a quem o proletariado, desencaminhado pelos socialistas, não teria sabido compreender e abandonara no momento decisivo. E encontra um eco geral no mundo burguês. Não me refiro aqui, naturalmente, aos politiqueiros alemães e ao refugo ideológico da mesma origem. Refiro-me, por exemplo, ao já citado *The Economist*, que já a 29 de novembro de 1851, ou seja, quatro dias antes do golpe de Estado, apresentara Bonaparte como o "guardião da ordem" e Thiers e Berryer como "anarquistas", e a 27 de dezembro de 1851, depois que Bonaparte aquietara esses anarquistas, já vocifera sobre a traição perpetrada pelas "massas proletárias, ignorantes, incultas e estúpidas contra a habilidade, conhecimento, disciplina, influência mental, recursos intelectuais e peso moral das camadas médias e superiores". Massa estúpida, ignorante e grosseira era a própria massa burguesa.

É bem verdade que em 1851 a França atravessara uma pequena crise comercial. Em fins de fevereiro registrou-se um declínio das exportações em comparação a 1850: em março o comércio experimentou um revés e as fábricas deixaram de trabalhar; em abril a situação dos departamentos industriais parecia tão desesperadora como depois das jornadas de fevereiro; em maio os negócios não tinham ainda tomado pé; em 28 de junho o ativo do Banco de França demonstrava, pelo enorme aumento dos depósitos e o decréscimo igualmente grande em adiantamentos contra letras de câmbio, que a produção estava paralisada, e só em meados de outubro começou a produzir-se uma melhora progressiva nos negócios. A burguesia francesa atribuía essa paralisação do comércio a causas puramente políticas, à luta entre o Parlamento e o Poder Executivo, à precariedade de uma forma provisória de governo, à aterradora perspectiva do segundo domingo de maio de 1852. Não negarei que todas essas circunstâncias exerciam um efeito deprimente em alguns ramos da indústria de Paris e dos departamentos. Essa influência das condições políticas, contudo, era apenas local e sem importância. Será necessária outra prova disso além do fato de que a melhora do comércio produziu-se em meados de outubro, no momento preciso em que a situação política agravou-se, o horizonte político escureceu, e esperava-se a qualquer momento que caísse um raio do Eliseu? Quanto ao mais, o burguês francês, cuja "habilidade, conhecimento, intuição espiritual e recursos intelectuais" não ia além do próprio apêndice nasal, podia ter encontrado a causa de sua miséria comercial, durante todo o período da Exposição Industrial de Londres, diretamente diante do nariz. Enquanto na França as fábricas fechavam, na Inglaterra ocorriam falências comerciais. Enquanto em abril e maio o pânico industrial alcançou seu clímax na França, em abril e maio o pânico comercial atingiu seu clímax na Inglaterra. Os lanifícios ingleses atravessavam as mesmas dificuldades dos franceses, o mesmo acontecendo com a indústria da seda dos dois países. É bem verdade que os cotonifícios ingleses continuavam trabalhando, mas já não realizavam os lucros obtidos em 1849 e 1850. A única diferença era que na França a crise era industrial, ao passo que na Inglaterra era comercial; que enquanto na França as fábricas estavam paralisadas, na Inglaterra ampliavam sua capacidade, embora sob condições menos favoráveis do que nos anos precedentes; que na França eram as exportações, enquanto na Inglaterra eram as importações que haviam sido mais seriamente atingidas pela crise. A causa comum que, naturalmente, não deve ser procurada dentro dos limites do horizonte político francês, era evidente. Os anos de 1849 e 1850 foram os anos de maior prosperidade material e de uma superprodução que só se manifestou como tal em 1851. Essa superprodução em princípios desse ano recebeu novo e especial impulso com a perspectiva da Exposição Industrial. Registraram-se, ademais, as seguintes circunstâncias peculiares: primeiro a perda parcial da safra de algodão em 1850 e 1851, em seguida a certeza da obtenção de uma safra de algodão maior do que se esperava; primeiro a subida, em seguida a queda brusca, em suma, flutuações do preço do algodão. A safra de seda bruta, pelo menos na França, tinha sido inferior à produção média. Finalmente, os lanifícios tinham-se expandido a tal ponto desde 1848 que a produção de lã não podia manter as normas de abastecimento, e o preço da lã em bruto subiu em completa desproporção ao preço dos artigos de lã. Já temos portanto aqui, na matéria-prima para três indústrias do mercado mundial, três motivos para uma paralisação do comércio. Independentemente dessas circunstâncias especiais, a crise aparente de 1851 não era nada mais do que a parada que a superprodução e a superespeculação invariavelmente provocam no ciclo industrial, antes de reunirem todas as suas forças a fim de se precipitarem febrilmente através da última fase desse ciclo e alcançarem mais uma vez o ponto de partida, a *crise geral do comércio*. Durante tais intervalos na história do comércio irrompem na Inglaterra as falências comerciais, ao passo que na França é a própria indústria que tem de se paralisar, em parte porque forçada a retroceder dada a concorrência dos ingleses que precisamente então começava a fazer-se intolerável em todos os mercados, e em parte por ser uma indústria de luxo, que deve preferentemente sofrer as conseqüências de toda crise comercial. Portanto, além das crises gerais, a França experimenta crises comerciais internas, que são, não obstante, determinadas e condicionadas muito mais pelas condições gerais do mercado mundial do que por influências locais francesas. Não seria desinteressante estabelecer um confronto entre o discernimento do burguês inglês e o preconceito do burguês francês. Em seu relatório anual de 1851, uma das maiores firmas comerciais de Liverpool declara:

> Poucos anos têm desmentido de maneira tão cabal os prognósticos feitos em seu início como o ano que acaba de findar; em vez da grande prosperidade que era quase unanimemente esperada, este ano se revelou um dos mais decepcionantes do último quarto de século — referimo-nos, naturalmente, às classes *mercantis*, e não às classes *manufatureiras*. Não obstante, no começo do ano havia certamente motivos para esperar-se o contrário — os estoques de produtos eram moderados, o capital era abundante, os gêneros alimentícios baratos, bem assegurada uma colheita generosa, reinava completa paz no continente, e o nosso país não experimentava quaisquer perturbações políticas ou fiscais; nunca, efetivamente, estiveram mais livres as asas do comércio... A que atribuir, então, esse resultado desastroso? Julgamos que ao *excesso* tanto das importações como das exportações. A menos que os nossos comerciantes estabeleçam maiores restrições à sua liberdade de ação, só um *pânico trienal poderá deter-nos*[3].

[3] Citação de *The Economist* de 10 de janeiro de 1852, p. 29-30. (N. do E.)

Imaginai agora o burguês francês, o seu cérebro comercialmente enfermo, torturado na agonia desse pânico comercial, girando estonteado pelos boatos de golpes de Estado e de restauração do sufrágio universal, pela luta entre o Parlamento e o Poder Executivo, pela guerra da Fronda entre orleanistas e legitimistas, pelas conspirações comunistas no sul da França, pelas supostas *Jacqueries* nos departamentos de Nièvre e Cher, pela propaganda de diversos candidatos à presidência, pelas palavras de ordem dos jornais que lembravam os pregões de vendedores ambulantes, pelas ameaças dos republicanos de defender a Constituição e o sufrágio universal de armas na mão, pela pregação dos emigrados heróis *in partibus*, que anunciavam que o mundo se acabaria no segundo domingo de maio de 1852 — pensai em tudo isso e compreendereis a razão pela qual em meio a essa incrível e estrepitosa confusão de revisão, fusão, prorrogação, Constituição, conspiração, coligação, usurpação e Revolução, o burguês berra furiosamente para a sua república parlamentar: "Antes um fim com terror, do que um terror sem fim".

Bonaparte compreendeu esse grito. Seu poder de compreensão se aguçara com a crescente turbulência de credores que viam em cada crepúsculo que tornava mais próximo o dia do vencimento, o segundo domingo de maio de 1852, um movimento dos astros protestando suas terrenas letras de câmbio. Tinham-se convertido em verdadeiros astrólogos. A Assembléia Nacional frustrara as esperanças de Bonaparte em uma prorrogação constitucional de seus poderes; a candidatura do príncipe de Joinville impedia maiores vacilações.

Se jamais houve um acontecimento que, muito antes de ocorrer, tivesse projetado diante de si a sua sombra, foi o golpe de Estado de Bonaparte. Já a 29 de janeiro de 1849, pouco mais de um mês depois de sua eleição, fizera a Changarnier uma proposta nesse sentido. No verão de 1849, seu próprio primeiro-ministro, Odilon Barrot, denunciara veladamente a política de golpes de Estado; no inverno de 1850, Thiers fizera-o abertamente. Em maio de 1851, Persigny tentara novamente ganhar Changarnier para o golpe; o *Messager de l'Assemblée*[4] publicara uma notícia sobre essas negociações. Os jornais bonapartistas ameaçavam com um golpe de Estado cada vez que ocorria uma tempestade parlamentar, e tornavam-se mais agressivos à medida que a crise se aproximava. Nas orgias que

[4] Diário antibonapartista editado em Paris em 1851. (N. do E.)

Bonaparte celebrava todas as noites com a "escória" de ambos os sexos, quando se aproximava a meia-noite e as copiosas libações desatavam as línguas e aguçavam a imaginação, o golpe de Estado era marcado para a manhã seguinte. Desembainhavam-se as espadas, tilintavam as taças, representantes eram atirados pelas janelas, o manto imperial caía sobre os ombros de Bonaparte, até que o romper da aurora afugentava novamente o fantasma e Paris, estupefata, tornava a inteirar-se, pelas vestais pouco dadas a reticências e pelos paladinos indiscretos, do perigo de que tinha novamente escapado. Durante os meses de setembro e outubro os boatos de golpe de Estado sucediam-se rapidamente. Ao mesmo tempo a sombra ganhava cores, como um daguerreótipo iluminado. Consultai os números de setembro e outubro dos órgãos da imprensa diária européia e encontrareis, palavra por palavra, intimidações como esta: "Paris está cheia de boatos sobre um golpe de Estado. Diz-se que a capital será tomada pelas tropas durante a noite, e que na manhã seguinte aparecerão os decretos de dissolução da Assembléia Nacional, declarando o Departamento do Sena sob estado de sítio, restaurando o sufrágio universal e apelando para o povo. Diz-se que Bonaparte anda em busca de ministros para porem em execução esses decretos ilegais". As correspondências que trazem essas notícias terminam sempre com a palavra fatal: "adiado". O golpe de Estado fora sempre a idéia fixa de Bonaparte. Com essa idéia em mente voltara a pisar o solo francês. Estava tão obcecado por ela que constantemente deixava-a transparecer. Estava tão fraco que, também constantemente, desistia dela. A sombra do golpe de Estado tornara-se tão familiar aos parisienses sob a forma de fantasma, que, quando finalmente apareceu em carne e osso, não queriam acreditar no que viam. O que permitiu, portanto, o êxito do golpe de Estado não foi nem a reserva reticente do chefe da Sociedade de 10 de Dezembro nem o fato de a Assembléia Nacional ter sido colhida de surpresa. Se teve êxito, foi apesar da indiscrição *daquele* e com o conhecimento antecipado *desta* — resultado necessário e inevitável de acontecimentos anteriores.

A 10 de outubro, Bonaparte comunicou a seus ministros sua decisão de restaurar o sufrágio universal; a 16, estes apresentaram sua renúncia; a 26, Paris teve conhecimento da formação do Ministério Thorigny. O chefe de Polícia, Carlier, foi simultaneamente substituído por Maupas; o chefe da Primeira Divisão Militar, Magnan, concentrou na capital os regimentos mais leais. A 4 de novembro, a

Assembléia Nacional reiniciou suas sessões. Não tinha nada melhor a fazer do que recapitular, em forma breve e sucinta, o curso pelo qual tinha passado, e provar que tinha sido enterrada apenas depois de sua morte.

O primeiro posto que perdera em sua luta contra o Poder Executivo fora o Ministério. Teve de reconhecer solenemente essa derrota, aceitando a autoridade do Ministério Thorigny, um mero simulacro de gabinete. A Comissão Permanente recebera o Sr. Giraud debaixo de risos, quando ele se apresentara como representante dos novos ministros. Um Ministério tão fraco para medidas fortes como a restauração do sufrágio universal! O objetivo exato, porém, era não fazer passar nada *no* Parlamento, mas tudo *contra* o Parlamento.

No mesmo dia de sua reabertura a Assembléia Nacional recebeu a mensagem de Bonaparte na qual ele exigia a restauração do sufrágio universal e a revogação da lei de 31 de maio de 1850. No mesmo dia seus ministros apresentaram um decreto nesse sentido. A Assembléia Nacional rejeitou imediatamente o pedido de urgência do Ministério, e, a 13 de novembro, rejeitou o projeto de lei por 355 votos contra 348. Rasgou, assim, seu mandato uma vez mais; uma vez mais confirmou o fato de que se transformara, de corpo de representantes livremente eleitos pelo povo, em Parlamento usurpador de uma classe; reconheceu mais uma vez que cortara, ela mesma, os músculos que ligavam a cabeça parlamentar ao corpo da nação.

Se, com sua moção de restaurar o sufrágio universal, o Poder Executivo apelava da Assembléia Nacional para o povo, com sua Lei dos Questores, o Poder Legislativo apelou do povo para o exército. Essa Lei dos Questores devia estabelecer seu direito de requisitar tropas diretamente, de formar um exército parlamentar. Colocando assim o exército como árbitro entre ela e o povo, entre ela e Bonaparte, reconhecendo no exército o poder estatal decisivo, tinha de confirmar, por outro lado, o fato de que há muito tempo desistira de sua pretensão de dominar esse poder. Ao debater seu direito a requisitar tropas, em vez de requisitá-las imediatamente, deixava transparecer suas dúvidas quanto a seus próprios poderes. Ao rejeitar a Lei dos Questores, confessou publicamente a sua impotência. Esse projeto foi derrotado, faltando a seus proponentes apenas 108 votos para obterem maioria. A Montanha, portanto, decidiu a questão. Viu-se na situação do asno de Buridan, não, porém, entre dois feixes de feno, com o problema de decidir qual dos dois era mais atraente, mas entre duas saraivadas de golpes, com o problema de decidir qual era a mais violenta. De um lado havia o medo de Changarnier, do outro, o medo de Bonaparte. Tem-se de reconhecer que a situação nada tinha de heróico.

A 18 de novembro foi apresentada uma emenda à lei sobre as eleições municipais proposta pelo partido da ordem, no sentido de que em vez de três anos bastaria que os eleitores municipais tivessem um ano de domicílio. Essa emenda foi derrotada em discussão única, mas essa discussão única demonstrou logo ter sido um erro. Fragmentando-se em facções hostis o partido da ordem perdera há muito sua maioria parlamentar independente. Mostrou agora que já não havia maioria alguma no Parlamento. A Assembléia Nacional tornara-se *incapaz de adotar acordos*. Os átomos que a constituíram não mais se mantinham unidos por qualquer força de coesão; exalara seu último suspiro; estava morta.

Finalmente, poucos dias antes da catástrofe, a massa extraparlamentar da burguesia devia confirmar solenemente, uma vez mais, sua ruptura com a burguesia do Parlamento. Thiers que, como herói parlamentar estava mais contagiado do que os demais do mal incurável do cretinismo parlamentar, arquitetara juntamente com o Conselho de Estado, depois da morte do Parlamento, uma nova intriga parlamentar, uma Lei de Responsabilidades, com a qual se pretendia manter o presidente firmemente dentro dos limites da Constituição. Assim como a 15 de setembro, ao lançar a pedra fundamental do novo mercado de Paris, Bonaparte, como um segundo Masaniello, encantara as *dames des bales*[5], as mulheres do mercado — é verdade que uma delas representava, em poder efetivo, mais do que 17 burgraves; assim como depois da introdução da Lei dos Questores ele cativara os tenentes que regalava no Eliseu, assim, agora, a 25 de novembro, arrebatou a burguesia industrial, que se reunira no circo para receber de suas mãos medalhas de honra pela Exposição Industrial de Londres. Transcreverei aqui a parte significativa de seu discurso, segundo o *Journal des Débats*:

> Diante de êxitos tão inesperados, creio que tenho razão de reiterar quão grande seria a República Francesa se lhe permitissem defender seus verdadeiros interesses e reformar suas instituições,

[5] Mulheres que comerciam nos mercados centrais de Paris. (N. da E. bras.)

em vez de estar sendo constantemente perturbada, de um lado por demagogos, e de outro por alucinações monarquistas. (*Fortes, estrondosos e repetidos aplausos de todos os lados do anfiteatro.*) As alucinações monarquistas retardam todo o progresso e todos os ramos importantes da indústria. Em vez de progresso vê-se apenas luta. Vêem-se homens que eram antes os mais zelosos sustentáculos do poder e das prerrogativas reais tornarem-se partidários de uma Convenção com o propósito único de debilitar o poder que emanou do sufrágio universal. (*Fortes e repetidos aplausos.*) Vemos os homens que mais sofreram com a Revolução, e que mais a deploraram, provocar uma nova revolução, e apenas para amordaçar a vontade da nação... Prometo-vos tranqüilidade para o futuro, etc., etc. (*Bravo, bravo, uma tempestade de bravos.*)

A burguesia industrial aclama assim, com aplausos abjetos, o golpe de Estado de 2 de dezembro, a aniquilação do Parlamento, a queda de seu próprio domínio, a ditadura de Bonaparte. A trovoada de aplausos de 25 de novembro teve sua resposta no troar dos canhões a 4 de dezembro, e foi na casa do Sr. Sallandrouze, um dos que mais aplaudira, que foi cair o maior número de bombas.

Cromwell, quando dissolveu o Parlamento Amplo, entrou sozinho na sala de sessões, puxou o relógio a fim de que tudo acabasse no minuto exato que havia fixado e expulsou os membros do Parlamento um por um com insultos hilariantes e humorísticos. Napoleão, de estatura menor que seu modelo, apresentou-se pelo menos perante o Poder Legislativo no 18 Brumário e, embora com voz embargada, leu para a Assembléia sua sentença de morte. O segundo Bonaparte, que, ademais, dispunha de um Poder Executivo muito diferente do de Cromwell ou do de Napoleão, buscou seu modelo não nos anais da história do mundo, mas nos anais da Sociedade de 10 de Dezembro, nos anais dos tribunais criminais. Rouba 25 milhões de francos ao Banco de França, compra o general Magnan com 1 milhão, os soldados por 15 francos cada um e um pouco de aguardente, reúne-se secretamente com seus cúmplices, como um ladrão, na calada da noite, ordena que sejam assaltadas as residências dos dirigentes parlamentares mais perigosos e que Cavaignac, Lamoricière, Leflô, Changarnier, Charras, Thiers, Baze, etc., sejam arrancados de seus leitos, que as principais praças de Paris e o edifício do Parlamento sejam ocupados pelas tropas e que cartazes escandalosos sejam colocados ao romper do dia nos muros de Paris proclamando a dissolução da Assembléia Nacional e do Conselho de Estado, a restauração do sufrágio universal e colocando o Departamento do Sena sob estado de sítio. Da mesma maneira manda inserir pouco depois no *Moniteur* um documento falso afirmando que parlamentares influentes se haviam agrupado em torno dele em um Conselho de Estado.

O Parlamento acéfalo, reunido no edifício da *mairie* do décimo distrito e consistindo principalmente de legitimistas e orleanistas, vota a deposição de Bonaparte entre repetidos gritos de "Viva a República", arenga em vão a multidão curiosa congregada diante do edifício e é finalmente conduzido, sob a custódia de atiradores de precisão africanos, primeiro para o quartel d'Orsay e em seguida, amontoado em carros celulares, é transportado para as penitenciárias de Mazas, Ham e Vincennes. Assim terminaram o partido da ordem, a Assembléia Legislativa e a Revolução de Fevereiro. Antes de passar rapidamente às conclusões, façamos um breve resumo de sua história:

I — *Primeiro Período*: de 24 de fevereiro a 4 de maio de 1848. Período de Fevereiro. Prólogo. Comédia da confraternização geral.

II — *Segundo Período*: período de constituição da república e da Assembléia Nacional Constituinte.

1. De 4 de maio a 25 de junho de 1848. Luta de todas as classes contra o proletariado. Derrota do proletariado nas jornadas de junho.

2. De 25 de junho a 10 de dezembro de 1848. Ditadura dos republicanos burgueses puros. Elaboração do projeto da Constituição. Proclamação do estado de sítio em Paris. A ditadura burguesa é posta à margem a 10 de dezembro com a eleição de Bonaparte para presidente.

3. De 20 de dezembro de 1848 a 28 de maio de 1849. Luta da Assembléia Constituinte contra Bonaparte e contra o partido da ordem, aliado a Bonaparte. Fim da Assembléia Constituinte. Queda da burguesia republicana.

III — *Terceiro Período*: período da *república constitucional da Assembléia Legislativa Nacional.*

1. De 28 de maio de 1849 a 13 de junho de 1849. Luta da pequena burguesia contra a burguesia e contra Bonaparte. Derrota da democracia pequeno-burguesa.

2. De 13 de junho de 1849 a 31 de maio de 1850. Ditadura parlamentar do partido da ordem. Completa seu domínio com a abolição do sufrágio universal, mas perde o Ministério parlamentar.

3. De 31 de maio de 1850 a 2 de dezembro de 1851. Luta entre a burguesia parlamentar e Bonaparte.

a) De 31 de maio de 1850 a 12 de janeiro de 1851. O Parlamento perde o controle supremo do exército.

b) De 12 de janeiro a 11 de abril de 1851. Leva a pior em suas tentativas de recuperar o poder administrativo. O partido da ordem perde sua maioria parlamentar independente. Sua aliança com os republicanos e a Montanha.

c) De 11 de abril de 1851 a 9 de outubro de 1851. Tentativas de revisão, fusão, prorrogação. O partido da ordem se decompõe em suas partes integrantes. Torna-se definitiva a ruptura do Parlamento burguês e da imprensa burguesa com a massa da burguesia.

d) De 9 de outubro a 2 de dezembro de 1851. Franca ruptura do Parlamento com o Poder Executivo. O Parlamento consuma seu derradeiro ato e sucumbe, abandonado por sua própria classe, pelo exército e por todas as demais classes. Fim do regime parlamentar e do domínio burguês. Vitória de Bonaparte. Paródia de restauração do império.

Capítulo VII

No umbral da Revolução de Fevereiro, a *república social* apareceu como uma frase, como uma profecia. Nas jornadas de junho de 1848, foi afogada no sangue do *proletariado de Paris*, mas ronda os subseqüentes atos da peça como um fantasma. A *república democrática* anuncia o seu advento. A 13 de junho de 1849 é dispersada juntamente com sua *pequena burguesia*, que se pôs em fuga, mas que na corrida se vangloria com redobrada arrogância. A *república parlamentar*, juntamente com a burguesia, apossa-se de todo o cenário; goza a vida em toda a sua plenitude, mas o 2 de dezembro de 1851 a enterra sob o acompanhamento do grito de agonia dos monarquistas coligados: "Viva a República!"

A burguesia francesa rebelou-se contra o domínio do proletariado trabalhador; levou ao poder o *lumpemproletariado* tendo à frente o chefe da Sociedade de 10 de Dezembro. A burguesia conservava a França resfolegando de pavor ante os futuros terrores da anarquia vermelha; Bonaparte descontou para ela esse futuro quando, a 4 de dezembro, fez que o exército da ordem, inspirado pela aguardente, fuzilasse em suas janelas os eminentes burgueses do Bulevar Montmartre e do Bulevar des Italiens. A burguesia fez a apoteose da espada; a espada a domina. Destruiu a imprensa revolucionária; sua própria imprensa foi destruída. Pôs as reuniões populares sob a vigilância da polícia; seus salões estão sob a vigilância da polícia. Dissolveu a Guarda Nacional democrática; sua própria Guarda Nacional foi dissolvida. Impôs o estado de sítio; o estado de sítio foi-lhe imposto. Substituiu os júris por comissões militares; seus júris são substituídos por comissões militares. Submeteu a educação pública ao domínio dos padres; os padres submetem-na à educação deles. Desterrou pessoas sem julgamento; está sendo desterrada sem julgamento. Reprimiu todos os movimentos da sociedade por meio do poder do Estado; todos os movimentos de sua sociedade são reprimidos pelo poder do Estado. Levada pelo amor à própria bolsa, rebelou-se contra seus políticos e homens de letras; seus políticos e homens de letras foram postos de lado, mas sua bolsa está sendo assaltada agora que sua boca foi amordaçada e sua pena quebrada. A burguesia não se cansava de gritar à revolução o que Santo Arsênio gritou aos cristãos: "Fuge, tace, quiesce!" (Foge, cala, sossega!) Agora é Bonaparte que grita à burguesia: "Fuge, tace, quiesce!"

A burguesia francesa há muito encontrara a solução para o dilema de Napoleão: "*Dans cinquante ans l'Europe sera républicaine ou cosaque!*"[1] Encontrara a solução na *république cosaque*. Nenhuma Circe, por meio de encantamentos, transformara a obra de arte que era a república burguesa em um monstro. A república não perdeu senão a aparência de respeitabilidade. A França de hoje já estava contida, em sua forma completa, na república parlamentar. Faltava apenas um golpe de baioneta para que a bolha arrebentasse e o monstro saltasse diante dos nossos olhos.

Por que o proletariado de Paris não se revoltou depois de 2 de dezembro?

A queda da burguesia mal fora decretada; o decreto ainda não tinha sido executado. Qualquer insurreição séria do proletariado teria imediatamente instilado vida nova à burguesia, a teria reconciliado com o exército e assegurado aos operários uma segunda derrota de junho.

A 4 de dezembro, o proletariado foi incitado à luta por burgueses e vendeiros. Naquela noite, várias legiões da Guarda Nacional prometeram aparecer, armadas e uniformizadas na cena da luta. Burgueses e vendeiros tinham tido notícia de que, em um de seus decretos de 2 de dezembro, Bonaparte abolira o voto secreto e ordenava que marcassem "sim" ou "não", adiante de seus nomes, nos registros oficiais. A resistência de 4 de dezembro intimidou Bona-

[1] "Dentro de cinqüenta anos a Europa será ou republicana ou cossaca." (N. de E.)

parte. Durante a noite mandou que fossem colocados cartazes em todas as esquinas de Paris, anunciando a restauração do voto secreto. O burguês e o vendeiro imaginaram que haviam alcançado seu objetivo. Os que deixaram de comparecer na manhã seguinte foram o burguês e o vendeiro.

Por meio de um *coup de main* durante a noite de 1º. para 2 de dezembro, Bonaparte despojara o proletariado de Paris de seus dirigentes, os comandantes das barricadas. Um exército sem oficiais, avesso a lutar sob a bandeira dos *montagnards* em razão das recordações de junho de 1848 e 1849 e maio de 1850, deixou à sua vanguarda, as sociedades secretas, a tarefa de salvar a honra insurrecional de Paris. Essa Paris, a burguesia a abandonara tão passivamente à soldadesca, que Bonaparte pôde mais tarde apresentar zombeteiramente como pretexto para desarmar a Guarda Nacional o medo de que suas armas fossem voltadas contra ela própria pelos anarquistas!

"C'est le triomphe complet et définitif du Socialisme!"[2] Assim caracterizou Guizot o 2 de Dezembro. Mas se a derrocada da república parlamentar encerra em si o germe da vitória da Revolução proletária, seu resultado imediato e palpável foi a *vitória de Bonaparte sobre o Parlamento, do Poder Executivo sobre o Poder Legislativo, da força sem frases sobre a força das frases*. No Parlamento a nação tornou a lei a sua vontade geral, isto é, tornou sua vontade geral a lei da classe dominante. Renuncia, agora, ante o Poder Executivo, a toda vontade própria e submete-se aos ditames superiores de uma vontade estranha, curva-se diante da autoridade. O Poder Executivo, em contraste com o Poder Legislativo, expressa a heteronomia de uma nação, em contraste com sua autonomia. A França, portanto, parece ter escapado ao despotismo de uma classe apenas para cair sob o despotismo de um indivíduo, e, o que é ainda pior, sob a autoridade de um indivíduo sem autoridade. A luta parece resolver-se de tal maneira que todas as classes, igualmente impotentes e igualmente mudas, caem de joelhos diante da culatra do fuzil.

Mas a Revolução é profunda. Ainda está passando pelo purgatório. Executa metodicamente a sua tarefa. A 2 dezembro concluíra a metade de seu trabalho preparatório; conclui agora a outra metade.

[2] "É o triunfo completo e definitivo do Socialismo!" (N. do E.)

Primeiro aperfeiçoou o poder do Parlamento, a fim de poder derrubá-lo. Uma vez conseguido isso, aperfeiçoa o *Poder Executivo*, o reduz à sua expressão mais pura, isola-o, lança-o contra si próprio como o único alvo, a fim de concentrar todas as suas forças de destruição contra ele. E quando tiver concluído essa segunda metade de seu trabalho preliminar, a Europa se levantará de um salto e exclamará exultante: "Belo trabalho, minha boa toupeira!"

Esse Poder Executivo, com sua imensa organização burocrática e militar, com sua engenhosa máquina do Estado, abrangendo amplas camadas com um exército de funcionários totalizando meio milhão, além de mais meio milhão de tropas regulares, esse tremendo corpo de parasitos que envolve como uma teia o corpo da sociedade francesa e sufoca todos os seus poros, surgiu ao tempo da monarquia absoluta, com o declínio do sistema feudal, que contribuiu para apressar. Os privilégios senhoriais dos senhores de terras e das cidades transformaram-se em outros tantos atributos do poder do Estado, os dignitários feudais em funcionários pagos e o variegado mapa dos poderes absolutos medievais em conflito entre si, no plano regular de um poder estatal cuja tarefa está dividida e centralizada como em uma fábrica. A primeira Revolução Francesa, em sua tarefa de quebrar todos os poderes independentes — locais, territoriais, urbanos e provinciais — a fim de estabelecer a unificação civil da nação, tinha forçosamente de desenvolver o que a monarquia absoluta começara: a centralização, mas ao mesmo tempo o âmbito, os atributos e os agentes do poder governamental. Napoleão aperfeiçoara essa máquina estatal. A monarquia legitimista e a Monarquia de Julho nada mais fizeram do que acrescentar maior divisão do trabalho, que crescia na mesma proporção em que a divisão do trabalho dentro da sociedade burguesa criava novos grupos de interesses e, por conseguinte, novo material para a administração do Estado. Todo interesse *comum* (*gemeinsame*) era imediatamente cortado da sociedade, contraposto a ela como um interesse superior, *geral* (*allgemeins*), retirado da atividade dos próprios membros da sociedade e transformado em objeto da atividade do governo, desde a ponte, o edifício da escola e a propriedade comunal de uma aldeia, até as estradas de ferro, a riqueza nacional e as universidades da França. Finalmente, em sua luta contra a Revolução, a república parlamentar viu-se forçada a consolidar, juntamente com as medidas repressivas, os recursos e a centralização do poder governamental. Todas as revoluções aperfeiçoaram essa máquina, em vez de destroçá-la. Os partidos que disputavam o poder encaravam a posse dessa imensa estrutura do Estado como o principal espólio do vencedor.

Mas sob a monarquia absoluta, durante a primeira Revolução, sob Napoleão, a burocracia era apenas o meio de preparar o domínio de classe da burguesia. Sob a Restauração, sob Luís Filipe, sob a república parlamentar, era o instrumento da classe dominante, por muito que lutasse por estabelecer seu próprio domínio.

Unicamente sob o segundo Bonaparte o Estado parece tornar-se completamente autônomo. A máquina do Estado consolidou a tal ponto a sua posição em face da sociedade civil que lhe basta ter à frente o chefe da Sociedade de 10 de Dezembro, um aventureiro surgido de fora, glorificado por uma soldadesca embriagada, comprada com aguardente e salsichas e que deve ser constantemente recheada de salsichas. Daí o pusilânime desalento, o sentimento de terrível humilhação e degradação que oprime a França e lhe corta a respiração. A França se sente desonrada.

E, não obstante, o poder estatal não está suspenso no ar. Bonaparte representa uma classe, e justamente a classe mais numerosa da sociedade francesa, os *pequenos* (*Parzellen*) *camponeses*.

Assim como os Bourbons representavam a grande propriedade territorial e os Orléans a dinastia do dinheiro, os Bonapartes são a dinastia dos camponeses, ou seja, da massa do povo francês. O eleito do campesinato não é o Bonaparte que se curvou ao Parlamento burguês, mas o Bonaparte que o dissolveu. Durante três anos as cidades haviam conseguido falsificar o significado da eleição de 10 de dezembro e roubar aos camponeses a restauração do Império. A eleição de 10 de dezembro de 1848 só se consumou com o golpe de Estado de 2 de dezembro de 1851.

Os pequenos camponeses constituem uma imensa massa, cujos membros vivem em condições semelhantes, mas sem estabelecerem relações multiformes entre si. Seu modo de produção os isola uns dos outros, em vez de criar entre eles um intercâmbio mútuo. Esse isolamento é agravado pelo mau sistema de comunicações existente na França e pela pobreza dos camponeses. Seu campo de produção, a pequena propriedade, não permite qualquer divisão do trabalho para o cultivo, nenhuma aplicação de métodos científicos e, portanto, nenhuma diversidade de desenvolvimento, nenhuma variedade de talento, nenhuma riqueza de relações sociais. Cada família camponesa é quase auto-suficiente; ela própria produz inteiramente a maior parte do que consome, adquirindo assim os meios de subsistência mais por intermédio de trocas com a natureza do que do intercâmbio com a sociedade. Uma pequena propriedade, um camponês e sua família; ao lado deles outra pequena propriedade, outro camponês e outra família. Algumas dezenas delas constituem uma aldeia, e algumas dezenas de aldeias constituem um departamento. A grande massa da nação francesa é, assim, formada pela simples adição de grandezas homólogas, da mesma maneira por que batatas em um saco constituem um saco de batatas. Na medida em que milhões de famílias camponesas vivem em condições econômicas que as separam umas das outras, e opõem o seu modo de vida, os seus interesses e sua cultura aos das outras classes da sociedade, esses milhões constituem uma classe. Mas na medida em que existe entre os pequenos camponeses apenas uma ligação local e em que a similitude de seus interesses não cria entre eles comunidade alguma, ligação nacional alguma, nem organização política, nessa exata medida não constituem uma classe. São, conseqüentemente, incapazes de fazer valer seu interesse de classe em seu próprio nome, quer por meio de um Parlamento, quer por meio de uma convenção. Não podem representar-se, têm de ser representados. Seu representante tem, ao mesmo tempo, de aparecer como seu senhor, como autoridade sobre eles, como um poder governamental ilimitado que os protege das demais classes e que do alto lhes manda o sol ou a chuva. A influência política dos pequenos camponeses, portanto, encontra sua expressão final no fato de que o Poder Executivo submete a seu domínio a sociedade.

A tradição histórica originou nos camponeses franceses a crença no milagre de que um homem chamado Napoleão restituiria a eles toda a glória passada. E surgiu um indivíduo que se faz passar por esse homem porque carrega o nome de Napoleão, em virtude do *Code Napoléon*[3], que estabelece: "*La recherche de la paternité est interdite*"[4]. Depois de vinte anos de vagabundagem e depois de uma série de aventuras grotescas, a lenda se consuma e o homem se torna imperador dos franceses. A idéia fixa do sobrinho realizou-se porque coincidia com a idéia fixa da classe mais numerosa do povo francês.

---

[3] Código Napoleônico. (N. do E.)

[4] "É proibida a investigação da paternidade." (N. do E.)

Mas, pode-se objetar: e os levantes camponeses na metade da França, as investidas do exército contra os camponeses, as prisões e deportações em massa de camponeses?

A França não experimentara, desde Luís XIV, uma semelhante perseguição de camponeses "por motivos demagógicos".

É preciso que fique bem claro. A dinastia de Bonaparte representa não o camponês revolucionário, mas o conservador; não o camponês que luta para escapar às condições de sua existência social, a pequena propriedade, mas antes o camponês que quer consolidar sua propriedade; não a população rural que, ligada à das cidades, quer derrubar a velha ordem de coisas por meio de seus próprios esforços, mas, pelo contrário, aqueles que, presos por essa velha ordem em um isolamento embrutecedor, querem ver-se a si próprios e suas propriedades salvos e beneficiados pelo fantasma do Império. Bonaparte representa não o esclarecimento, mas a superstição do camponês; não o seu bom senso, mas o seu preconceito; não o seu futuro, mas o seu passado; não a sua moderna Cevènnes[5], mas a sua moderna Vendée[6].

Os três anos de rigoroso domínio da república parlamentar haviam libertado uma parte dos camponeses franceses da ilusão napoleônica, revolucionando-os ainda que apenas superficialmente; mas os burgueses reprimiam-nos violentamente, cada vez que se punham em movimento. Sob a república parlamentar a consciência moderna e a consciência tradicional do camponês francês disputaram a supremacia. Esse progresso tomou a forma de uma luta incessante entre os mestres-escolas e os padres. A burguesia derrotou os mestres-escolas. Pela primeira vez os camponeses fizeram esforços

---

[5] Região montanhosa da França, na qual, em princípios do século XVIII, houve um grande levante de camponeses protestantes (os chamados *Camisards*). Suas palavras de ordem eram: "Abaixo os impostos!", "Liberdade de Consciência!" Os insurretos tomavam castelos feudais, escondiam-se nas montanhas, empenhavam-se em guerrilhas. A luta prolongou-se por quase três anos. (N. do E.)

[6] Região da França que foi o centro de contra-revolução durante a revolução burguesa de fins do século XVIII. Em sua luta contra a França revolucionária, os contra-revolucionários se utilizaram dos politicamente atrasados camponeses da Vendée, fortemente influenciados pelo clero católico. (N. do E.)

para se comportarem independentemente em face da atuação do governo. Isso se manifestava no conflito contínuo entre os *maires* e os prefeitos. A burguesia depôs os *maires*. Finalmente, durante o período da república parlamentar, os camponeses de diversas localidades levantaram-se contra sua própria obra, o exército. A burguesia castigou-os com estados de sítio e expedições punitivas. E essa mesma burguesia clama agora contra a estupidez das massas, contra a *ville multitude*[7] que a traiu em favor de Bonaparte. Ela própria forçou a consolidação das simpatias do campesinato pelo Império e manteve as condições que originam essa religião camponesa. A burguesia, é bem verdade, deve forçosamente temer a estupidez das massas enquanto essas se mantêm conservadoras, assim como a sua clarividência, tão logo se tornam revolucionárias.

Nos levantes ocorridos depois do golpe de Estado, uma parte dos camponeses franceses protestou de armas na mão contra o resultado de seu próprio voto a 10 de dezembro de 1848. A experiência adquirida desde aquela data abrira-lhes os olhos. Mas tinham entregado a alma às forças infernais da história; a história obrigou-os a manter a palavra empenhada, e a maioria estava ainda tão cheia de preconceitos que justamente nos departamentos mais vermelhos a população camponesa votou abertamente em favor de Bonaparte. Em sua opinião a Assembléia Nacional impedira a marcha de Bonaparte. Este se limitara agora a romper as cadeias que as cidades haviam imposto à vontade do campo. Em algumas localidades os camponeses chegaram a abrigar a idéia ridícula de uma Convenção lado a lado com Napoleão.

Depois que a primeira Revolução transformara os camponeses de semi-servidão em proprietários livres, Napoleão confirmou e regulamentou as condições sob as quais podiam dedicar-se à exploração do solo francês que acabava de lhes ser distribuído e saciar sua ânsia juvenil de propriedade. Mas o que, agora, provoca a ruína do camponês francês é precisamente a própria pequena propriedade, a divisão da terra, a forma de propriedade que Napoleão consolidou na França; justamente as condições materiais que transformaram o camponês feudal em camponês proprietário, e Napoleão em imperador. Duas gerações bastaram para produzir o resultado inevitável:

[7] Multidão vil, ignara. (N. do E.)

o arruinamento progressivo da agricultura, o endividamento progressivo do agricultor. A forma "napoleônica" de propriedade, que no princípio do século XIX constituía a condição para libertação e enriquecimento do camponês francês, desenvolveu-se no decorrer desse século na lei da sua escravização e pauperização. E esta, precisamente, é a primeira das *idées napoléoniennes* que o segundo Bonaparte tem de defender. Se ele ainda compartilha com os camponeses a ilusão de que a causa da ruína deve ser procurada, não na pequena propriedade em si, mas fora dela, na influência de circunstâncias secundárias, suas experiências arrebentarão como bolhas de sabão quando entrarem em contato com as relações de produção.

O desenvolvimento econômico da pequena propriedade modificou radicalmente a relação dos camponeses para com as demais classes da sociedade. Sob Napoleão a fragmentação da terra no interior suplementava a livre concorrência e o começo da grande indústria nas cidades. O campesinato era o protesto ubíquo contra a aristocracia dos senhores de terra que acabara de ser derrubada. As raízes que a pequena propriedade estabeleceu no solo francês privaram o feudalismo de qualquer meio de subsistência. Seus marcos formavam as fortificações naturais da burguesia contra qualquer ataque de surpresa por parte de seus antigos senhores. Mas no decorrer do século XIX, os senhores feudais foram substituídos pelos usurários urbanos; o imposto feudal referente à terra foi substituído pela hipoteca; a aristocrática propriedade territorial foi substituída pelo capital burguês. A pequena propriedade do camponês é agora o único pretexto que permite ao capitalista retirar lucros, juros e renda do solo, ao mesmo tempo que deixa ao próprio lavrador o cuidado de obter o próprio salário como puder. A dívida hipotecária que pesa sobre o solo francês impõe ao campesinato o pagamento de uma soma de juros equivalentes aos juros anuais do total da dívida nacional britânica. A pequena propriedade, nessa escravização ao capital a que seu desenvolvimento inevitavelmente conduz, transformou a massa da nação francesa em trogloditas. Dezesseis milhões de camponeses (inclusive mulheres e crianças) vivem em antros, a maioria dos quais só dispõe de uma abertura, outros apenas duas e os mais favorecidos apenas três. E as janelas são para uma casa o que os cinco sentidos são para a cabeça. A ordem burguesa, que no princípio do século pôs o Estado para montar guarda sobre a recém-criada pequena propriedade e premiou-a com lauréis, tornou-se um vampiro que suga seu sangue e sua medula, atirando-o no caldeirão alquimista do capital. O *Code Napoléon* já não é mais do que um código de arrestos, vendas forçadas e leilões obrigatórios. Aos 4 milhões (inclusive crianças, etc.), oficialmente reconhecidos, de mendigos, vagabundos, criminosos e prostitutas da França devem ser somados 5 milhões que pairam à margem da vida e que ou têm seu pouso no próprio campo ou, com seus molambos e seus filhos, constantemente abandonam o campo pelas cidades e as cidades pelo campo. Os interesses dos camponeses, portanto, já não estão mais, como ao tempo de Napoleão, em consonância, mas sim em oposição com os interesses da burguesia, do capital. Por isso os camponeses encontram seu aliado e dirigente natural no *proletariado urbano*, cuja tarefa é derrubar o regime burguês. Mas o *governo forte e absoluto* — e esta é a segunda *idée napoléonienne* que o segundo Napoleão tem de executar — é chamado a defender pela força essa ordem "material". Essa *ordre matériel* serve também de mote em todas as proclamações de Bonaparte contra os camponeses rebeldes.

Além da hipoteca que lhe é imposta pelo capital, a pequena propriedade está ainda sobrecarregada de *impostos*. Os impostos são a fonte de vida da burocracia, do exército, dos padres e da corte, em suma, de toda a máquina do Poder Executivo. Governo forte e impostos fortes são coisas idênticas. Por sua própria natureza, a pequena propriedade forma uma base adequada a uma burguesia todo-poderosa e inumerável. Cria um nível uniforme de relações e de pessoas sobre toda a superfície do país. Daí permitir também a influência de uma pressão uniforme, exercida de um centro supremo, sobre todos os pontos dessa massa uniforme. Aniquila as gradações intermediárias da aristocracia entre a massa do povo e o poder do Estado. Provoca, portanto, de todos os lados, a ingerência direta desse poder do Estado e a interposição de seus órgãos imediatos. Finalmente, produz um excesso de desempregados para os quais não há lugar nem no campo nem nas cidades, e que tentam, portanto, obter postos governamentais como uma espécie de esmola respeitável, provocando a criação de postos no governo. Com os novos mercados que abriu a ponta de baioneta, com a pilhagem do continente, Napoleão devolveu com juros os impostos compulsórios. Esses impostos serviam de incentivo à laboriosidade dos camponeses, ao passo que agora despojam seu trabalho de seus últimos recursos e completam sua incapacidade de resistir ao pauperismo. E uma vasta burguesia, bem engalanada e bem alimentada, é a *idée napoléonienne* mais do agrado do segundo Bonaparte. Como poderia ser de outra maneira, visto que ao lado das classes existentes na sociedade ele é forçado a criar uma casta artificial, para a qual a manutenção do seu regime se transforma em uma questão de subsistência? Uma das suas primeiras operações financeiras, portanto, foi elevar os salários dos funcionários ao nível anterior e criar novas sinecuras.

Outra *idée napoléonienne* é o domínio dos *padre*s como instrumento de governo. Mas em sua harmonia com a sociedade, em sua dependência das forças naturais e em sua submissão à autoridade que a protegia de cima, a pequena propriedade recém-criada era naturalmente religiosa, a pequena propriedade arruinada pelas dívidas em franca divergência com a sociedade e com a autoridade e impelida para além de suas limitações torna-se naturalmente irreligiosa. O céu era um acréscimo bastante agradável à estreita faixa de terra recém-adquirida, tanto mais quanto dele dependiam as condições meteorológicas; mas se converte em insulto assim que se tenta impingi-lo como substituto da pequena propriedade. O padre aparece então como mero mastim ungido da polícia terrena — outra *idée napoléonienne*. Da próxima vez a expedição contra Roma terá lugar na própria França, mas em sentido oposto ao do Sr. de Montalembert.

Finalmente, o ponto culminante das *idées napoléoniennes* é a preponderância do exército. O exército era o *point d'honneur*[8] dos pequenos camponeses, eram eles próprios transformados em heróis, defendendo suas novas propriedades contra o mundo exterior, glorificando sua nacionalidade recém-adquirida, pilhando e revolucionando o mundo. A farda era seu manto de poder; a guerra a sua poesia; a pequena propriedade, ampliada e alargada na imaginação, a sua pátria, e o patriotismo a forma ideal do sentimento da propriedade. Mas os inimigos contra os quais o camponês francês tem agora de defender sua propriedade não são os cossacos; são os *huissers*[9] e os agentes do fisco. A pequena propriedade não mais está abrangida no que se chama pátria, e sim no registro das hipotecas. O próprio exército já não é a flor da juventude camponesa; é a flor do pântano do *lumpemproletariado* camponês. Consiste em grande parte em

---

[8] Ponto de honra, orgulho. (N. do E.)

[9] Oficiais de justiça. (N. do E.)

remplaçants[10], em substitutos, do mesmo modo por que o próprio Bonaparte é apenas um *remplaçant*, um substituto de Napoleão. Seus feitos heróicos consistem agora em caçar camponeses em massa, como antílopes, em servir de gendarme, e se as contradições internas de seu sistema expulsarem o chefe da Sociedade de 10 de Dezembro para fora das fronteiras da França, seu exército, depois de alguns atos de banditismo, colherá não louros, mas açoites.

Como vemos: todas as *idées napoléoniennes* são idéias da *pequena propriedade, incipiente, no frescor da juventude*; para a pequena propriedade na fase da velhice constituem um absurdo. Não passam de alucinações de sua agonia, palavras que são transformadas em frases, espíritos transformados em fantasmas. Mas a paródia do império era necessária para libertar a massa da nação francesa do peso da tradição e para desenvolver em forma pura a oposição entre o poder do Estado e a sociedade. Com a ruína progressiva da pequena propriedade, desmorona-se a estrutura do Estado erigida sobre ela. A centralização do Estado, de que necessita a sociedade moderna, só surge das ruínas da máquina governamental burocrático-militar forjada em oposição ao feudalismo[11].

A situação dos camponeses franceses nos fornece a resposta ao enigma das *eleições de 20 e 21 de dezembro*, que levaram o segundo Bonaparte ao topo do Monte Sinai, não para receber leis, mas para ditá-las.

Evidentemente a burguesia não tinha agora outro jeito senão eleger Bonaparte. Quando os puritanos, no Concílio de Constança, queixavam-se da vida dissoluta a que se entregavam os papas e se afligiam sobre a necessidade de uma reforma moral, o cardeal Pierre

---

[10] Aquele que, antigamente, na França e na Bélgica, substituía os jovens recrutados para o exército. (N. do E.)

[11] Na edição de 1852 este parágrafo terminava com as seguintes linhas, que Marx omitiu na edição de 1869: "A demolição da máquina do Estado não porá em perigo a centralização. A burocracia é apenas a forma baixa e brutal de uma centralização que ainda não se libertou de seu oposto, o feudalismo. Quando se desapontar da Restauração Napoleônica, o camponês francês abandonará a crença em sua pequena propriedade; toda a estrutura do Estado, erigida sobre essa pequena propriedade, ruirá por terra e a revolução proletária ganhará aquele coro sem o qual o seu solo se torna um canto de cisne em todos os países camponeses". (N. do E.)

d'Ailly bradou-lhes com veemência: "Quando só o próprio demônio pode ainda salvar a Igreja católica, vós apelais para os anjos". De maneira semelhante, depois do golpe de Estado, a burguesia francesa gritava: "Só o chefe da Sociedade de 10 de Dezembro pode salvar a sociedade burguesa! Só o roubo pode salvar a propriedade; o perjúrio, a religião; a bastardia, a família; a desordem, a ordem!"

Como autoridade executiva que se tornou um poder independente, Bonaparte considera sua missão salvaguardar "a ordem burguesa". Mas a força dessa ordem burguesa está na classe média. Ele se afirma, portanto, como representante da classe média, e promulga decretos nesse sentido. Não obstante, ele só é alguém em razão do fato de ter quebrado o poder político dessa classe média e de quebrá-lo novamente todos os dias. Conseqüentemente, afirma-se como o adversário do poder político e literário da classe média. Mas, ao proteger seu poder material, gera novamente o seu poder político. A causa deve, portanto, ser mantida viva; o efeito, porém, onde se manifesta, tem de ser liquidado. Mas isso não pode se dar sem ligeiras confusões de causa e efeito, pois em sua mútua influência ambos perdem seus característicos distintivos. Daí, novos decretos que apagam a linha divisória. Diante da burguesia Bonaparte se considera ao mesmo tempo representante dos camponeses e do povo em geral, que deseja tornar as classes mais baixas do povo felizes dentro da estrutura da sociedade burguesa. Daí novos decretos que roubam de antemão aos "verdadeiros socialistas" sua arte de governar. Mas, acima de tudo, Bonaparte considera-se o chefe da Sociedade de 10 de Dezembro, representante do *lumpemproletariado* a que pertencem ele próprio, seu *entourage*[12], seu governo e seu exército, e cujo interesse primordial é colher benefícios e retirar prêmios da loteria da Califórnia do tesouro do Estado. E sustenta sua posição de chefe da Sociedade de 10 de Dezembro com decretos, sem decretos e apesar dos decretos.

Essa tarefa contraditória do homem explica as contradições do seu governo, esse confuso tatear que ora procura conquistar, ora humilhar, primeiro uma classe depois outra e alinha todas elas uniformemente contra ele, essa insegurança prática constitui um contraste altamente cômico com o estilo imperioso e categórico de seus decretos governamentais, estilo copiado fielmente do tio.

---

[12] *Entourage*: os que o cercam. (N. do E.)

A indústria e o comércio, e, portanto, os negócios da classe média, deverão prosperar em estilo de estufa sob o governo forte. São feitas inúmeras concessões ferroviárias. Mas o *lumpemproletariado* bonapartista tem de enriquecer. Os iniciados fazem *tripotage*[13] na Bolsa com as concessões ferroviárias. Obriga-se o Banco a conceder adiantamentos contra ações ferroviárias. Mas o Banco tem ao mesmo tempo de ser explorado para fins pessoais, e tem portanto de ser bajulado. Dispensa-se o Banco da obrigação de publicar relatórios semanais. Acordo leonino do Banco com o governo. É preciso dar trabalho ao povo. Obras públicas são iniciadas. Mas as obras públicas aumentam os encargos do povo no que diz respeito a impostos. Reduzem-se, portanto, as taxas mediante um massacre sobre os *rentiers*[14], mediante a conversão de títulos de 5% em títulos de 4,5%. Mas a classe média tem mais uma vez de receber um *douceur*[15]. Duplica-se, portanto, o imposto do vinho para o povo, que o adquire *en détail*[16], e reduz-se à metade o imposto do vinho para a classe média, que a bebe *en gros*[17]. As uniões operárias existentes são dissolvidas, mas prometem-se milagres de união para o futuro. Os camponeses têm de ser auxiliados. Bancos hipotecários que facilitam o seu endividamento e aceleram a concentração da propriedade. Mas esses bancos devem ser utilizados para tirar dinheiro das propriedades confiscadas à Casa de Orléans. Nenhum capitalista quer concordar com essa condição, que não consta do decreto, e o Banco hipotecário fica reduzido a um mero decreto, etc., etc.

Bonaparte gostaria de aparecer como o benfeitor patriarcal de todas as classes. Mas não pode dar a uma classe sem tirar de outra. Assim como no tempo da Fronda dizia-se do duque de Guise que ele era o homem mais *obligeant*[18] da França porque convertera todas as suas propriedades em compromissos de seus partidários

---

[13] *Tripotage*: trapaça. (N. do E.)

[14] *Rentiers*: os que vivem de rendas. (N. do E.)

[15] *Douceur*: propina. (N. do E.)

[16] *En détail*: a varejo. (N. do E.)

[17] *En gros*: por atacado. (N. do E.)

[18] *Obligeant*: obsequioso. (N. do E.)

para com ele, Bonaparte queria passar como o homem mais *obligeant* da França e transformar toda a propriedade, todo o trabalho da França em obrigação pessoal para com ele. Gostaria de roubar a França inteira a fim de poder entregá-la de presente à França, ou melhor, a fim de poder comprar novamente a França com dinheiro francês, pois, como chefe da Sociedade de 10 de Dezembro, tem de comprar o que devia pertencer-lhe. E todas as instituições do Estado, o Senado, o Conselho de Estado, o Legislativo, a Legião de Honra, as medalhas dos soldados, os banheiros públicos, os serviços de utilidade pública, as estradas de ferro, o *état major*[19] da Guarda Nacional com a exceção das praças, e as propriedades confiscadas à Casa de Orléans — tudo se torna parte da instituição do suborno. Todo posto do exército ou na máquina do Estado converte-se em meio de suborno. Mas a característica mais importante desse processo, pelo qual a França é tomada para que lhe possa ser entregue novamente, são as porcentagens que vão ter aos bolsos do chefe e dos membros da Sociedade de 10 de Dezembro durante a transação. O epigrama com o qual a condessa L., amante do Sr. de Morny, caracterizou o confisco das propriedades da Casa de Orléans: "*C'est le premier vol*[20], *de l'aigle*"[21], pode ser aplicado a todos os vôos desta *águia*, que mais se assemelha a um *abutre*. Tanto ele como seus adeptos gritam diariamente uns para os outros, como aquele cartuxo italiano que admoestava o avarento que, com ostentação, contava os bens que ainda poderiam sustentá-lo por muitos anos: "*Tu fai conto sopra i beni, bisogna prima far il conto sopra gli anni*"[22]. Temendo se enganarem no cômputo dos anos, contam os minutos. Um bando de patifes abre caminho para si na corte, nos ministérios, nos altos postos do governo e do exército, uma malta cujos melhores elementos, é preciso que se diga, ninguém sabe de onde vieram, uma *bohème* barulhenta, desmoralizada e rapace, que se enfia nas túnicas guarnecidas de alamares com a mesma dignidade grotesca dos altos dignitários de Soulouque. Pode-se fazer uma idéia perfeita dessa alta camada da Sociedade de 10 de Dezembro

---

[19] *État-major*: estado-maior. (N. do E.)

[20] *Vol*: significa ao mesmo tempo vôo e furto. (N. do A.)

[21] "É o primeiro vôo (furto) da águia." (N. do E.)

[22] "Contas teus bens, deveria antes contar teus anos." (N. do A.)

quando se reflete que *Véron-Crevel*[23] é o seu moralista e *Granier de Cassagnac* o seu pensador. Quando Guizot, durante o seu Ministério, utilizou-se desse Granier em um jornaleco dirigido contra a oposição dinástica, costumava exaltá-lo com esta tirada: "*C'est le roi des drôles*", "é o rei dos palhaços". Seria injusto recordar a Regência ou Luís XV com referência à corte de Luís Bonaparte ou à sua camarilha. Pois "a França já tem passado com freqüência por um governo de favoritas; mas nunca antes por um governo de *hommes entretenus*" [24].

Impelido pelas exigências contraditórias de sua situação e estando ao mesmo tempo, como um prestidigitador, ante a necessidade de manter os olhares do público fixados sobre ele, como substituto de Napoleão, por meio de surpresas constantes, isto é, ante a necessidade de executar diariamente um golpe de Estado em miniatura, Bonaparte lança a confusão em toda a economia burguesa, viola tudo que parecia inviolável à Revolução de 1848, torna alguns tolerantes em face da revolução, outros desejosos de revolução, e produz uma verdadeira anarquia em nome da ordem, ao mesmo tempo que despoja de seu halo toda a máquina do Estado, profana-a e torna-a ao mesmo tempo desprezível e ridícula. O culto do Manto Sagrado de Treves[25] ele o repete em Paris sob a forma do culto do manto imperial de Napoleão. Mas quando o manto imperial cair finalmente sobre os ombros de Luís Bonaparte, a estátua de bronze de Napoleão ruirá do topo da Coluna Vendôme.

K. Marx

Escrito entre dezembro de 1851 e março de 1852.

[23] Em sua obra *Cousine Bette*, Balzac pinta o filisteu parisiense mais dissoluto na figura de Crevel, personagem inspirada no Dr. Véron, proprietário do *Constitutionnel*. (N. do A.)

[24] As palavras citadas são de Madame Girardin. (N. do A.) *Hommes entretenus*: homens sustentados. (N. do E.)

[25] Uma das relíquias "sagradas" ("O manto sagrado de Treves") exibida na Catedral de Treves, em 1844, pelo clero católico reacionário. (N. do E.)

Karl Marx: a trajetória de um revolucionário

ADRIANA GILIOLI CITINO*

Para entender a importância do legado de Karl Marx para o pensamento da humanidade, faz-se necessário situar historicamente a trajetória deste pensador e militante da causa da liberdade dos proletários. Na vida deste alemão de ascendência judaica, nascido em 5 de maio de 1818, em Trier[1], no sul da Alemanha, estiveram presentes estudos, descobertas de metodologias que mudaram as investigações das ciências sociais, revoluções das massas populares,

* Mestra em História Econômica pelo Instituto de Economia da UNICAMP; doutoranda em História Econômica, na USP.

[1] Trier, por sua situação geográfica — antiga província prussiana localizada na região da Renânia fronteiriça da França —, esteve sob forte influência dos ideais iluministas da Revolução Burguesa. Era uma região de características francamente modernas, onde florescia a indústria fabril e quase nada restava das antigas instituições medievais.

amor, amizade, polêmicas acadêmicas e políticas, muitas perseguições políticas e uma luta apaixonada pela emancipação dos proletários de todo o mundo. Nas palavras de Friedrich Engels, o grande amigo e colaborador, Marx descobriu a lei do desenvolvimento da história humana, a saber, "que o homem precisa, em primeiro lugar, comer, beber, ter um teto e vestir-se antes de poder fazer política, ciência, arte, religião, etc."[2]

Na Europa do século XIX, a situação de miséria do proletariado assumia proporções dramáticas. Como resultado das transformações sociais e das inovações científicas e técnicas, a burguesia industrial se estabeleceu como a grande força econômica. O colossal desenvolvimento capitalista fez emergir forças produtivas sem precedentes, gerando cada vez mais riquezas, mas, na mesma proporção, agravava as já deploráveis condições de vida da classe dos proletários. Estes passaram a ansiar por uma sociedade sem classes, imaginando que a supressão da propriedade privada garantiria uma sociedade mais justa. Eclodem, então, as revoltas populares: as revoluções de 1848, em vários países da Europa ocidental e central; a queda da monarquia de Luís Filipe, na França; as jornadas de julho, também na França; as revoltas sociais na Alemanha, Hungria, Itália, Bélgica e Áustria.

Por essa época, Marx e Engels, já engajados em organizações operárias, escrevem o *Manifesto do Partido Comunista* (1848), para o Segundo Congresso da Liga Comunista[3]. Essa obra, além de fazer incisiva crítica ao modo capitalista de produção, apresenta um programa de ação apoiado em uma nova abordagem metodológica no estudo histórico das sociedades, criada por Marx, o materialismo histórico. Propõe a apropriação dos meios de produção e evidencia o papel revolucionário da classe proletária na criação da sociedade comunista, tendo sua crítica social o escopo de infundir no proletariado a consciência das condições de sua emancipação.

Mas para chegar a desvendar os mecanismos do modo de produção capitalista com uma nova teoria que iluminasse os "mistérios" da economia política, até então produzida por Adam Smith, David Ricardo, Jean Baptiste Say, etc., foi um longo percurso. Sua vida acadêmica começa aos 17 anos, quando entra para a Universidade de Bonn, em

---

[2] Marx, Karl; Engels, Friedrich. *Obras Escolhidas*, v. 2, Editora Alfa-Omega, São Paulo, p. 351.

[3] Organização operária internacional.

1835, no curso de Direito; em 1836, transfere-se para Berlim, para estudar na Universidade de Berlim. Apaixona-se, porém, por filosofia e história, doutorando-se em Filosofia do Direito, em 1841, na Universidade de Iena, com a tese *Diferenças entre a filosofia da natureza de Demócrito e Epicuro* (publicada postumamente). Grande parte da sua vida ulterior foi dedicada ao estudo da história e da economia política, seu foco privilegiado de análise.

No século XIX, o hegelianismo era o pensamento predominante nos círculos de Berlim, considerado quase como a doutrina oficial prussiana, e marcou profundamente a produção intelectual do jovem Marx. Após a morte de Hegel, formou-se um grupo de acadêmicos, denominado a esquerda hegeliana, a partir de um trabalho polêmico de David Strauss, discípulo desse filósofo — *Das Leben Jesu* (A vida de Jesus), cuja tese era a de que os ensinamentos de Jesus haviam sido desfigurados, através dos séculos, pelo *establishment*, com o intuito de manter os pobres e oprimidos conformados com seu lugar na sociedade, sem jamais se rebelarem contra o *status quo*. Bruno Bauer foi ainda mais radical, propondo que o próprio Jesus não passava de uma lenda, enquanto Ludwig Feuerbach, baseado em seu materialismo humanista, elaborou a mais consistente crítica, feita até então, da filosofia da religião, da dialética e do idealismo hegelianos.

Inicialmente integrante desse grupo, Marx acaba por romper com ele, em razão de divergências teóricas inconciliáveis. Conclui que a origem do poder estava na posse dos bens de produção, e não na religião, a qual, na verdade, era apenas o "ópio do povo", conforme sua célebre expressão. Ademais, diferentemente de Feuerbach, para quem a dialética de Hegel era apenas fonte de especulação mistificadora, Marx propôs ser a própria dialética o princípio dinâmico do materialismo como filosofia da prática. A história não era a marcha dialética do espírito, segundo pensava Hegel e no que o seguiam os neo-hegelianos, senão que "a história toda da humanidade é a história da luta de classes", conforme a formulação do *Manifesto*: um processo dialético, sim, mas que transcorre no mundo concreto das relações entre os homens. Juntamente com Engels, Marx empreende uma demolidora crítica à esquerda hegeliana e outras concepções filosóficas, como o positivismo e o agnosticismo, considerando que os filósofos tinham estado, até então, somente a interpretar diversamente o mundo, enquanto, na verdade, a questão era transformá-lo.

Os *Manuscritos econômico-filosóficos*, textos da juventude, escritos em 1844-5, mas publicados postumamente, mostram a transição do idealismo hegeliano para o materialismo dialético, no pensamento de Marx. É uma análise da economia política, na qual já se percebe a feroz crítica ética e política ao capitalismo, bem como os fundamentos da idéia da alienação e da teoria da mais-valia, mais tarde apresentadas na forma acabada, no *Capital*.

A obra *A sagrada família* (1845), uma das primeiras de Marx em co-autoria com Engels, constitui uma crítica à esquerda hegeliana. Dirige-se aos irmãos Bauer, apresentando uma inversão do método de análise empregado por estes. O texto enfatiza a necessidade, para levar a cabo a revolução socialista, de uma consciência crítica dos trabalhadores — a consciência socialista —, e não de uma elite de intelectuais. *A ideologia alemã*, também escrita com Engels, é igualmente uma crítica aos pensadores da esquerda hegeliana, inclusive Ludwig Feuerbach (com o qual os autores concordavam, porém, quanto à idéia do materialismo): a nenhum desses filósofos alemães, escreve Marx nessa obra, ocorreu perguntar qual era a relação entre sua crítica e o seu meio material. *Teses sobre Feuerbach*, presumivelmente escritas por Marx em 1845, mas publicadas somente em 1888, por Engels, incluem-se também no quadro geral dessa temática.

Não menos implacável foi a crítica que Marx dirigiu a outros pensadores de esquerda, cujas teorias sobre o socialismo — a seu ver, utópicas, reacionárias ou conservadoras — apenas teriam como resultado conduzir as massas ao engodo. Seu objetivo principal era unir o movimento do proletariado dos diversos países em torno de um mesmo programa tático, baseado na sua concepção científica do socialismo, na luta contra o capitalismo. Em *Miséria da filosofia* (1847), Marx se opõe às concepções filosóficas e econômicas do socialista francês Joseph Proudhon, em uma réplica ao livro *Filosofia da miséria*, escrito por este.

Nas obras historiográficas *A luta de classes na França* (1850) e o *Dezoito Brumário de Luís Bonaparte* (1852 em jornais; 1869 como livro), Marx analisa pelo método do materialismo histórico os fatores políticos, ideológicos, institucionais e até mesmo psicológicos dos atores sociais que protagonizaram esses acontecimentos, desvelando as conexões existentes nos fatos tornados visíveis sob a luz da tese da luta de classes.

O Capital (o livro I foi publicado em 1867, os demais, postumamente), a obra mais famosa, tem como núcleo a economia política, e seu objetivo, explicitado por Marx no prefácio, é descobrir a lei econômica do movimento da sociedade capitalista. Marx empreende ali uma extensa e profunda análise das relações de produção no capitalismo, apresentando sua teoria sobre o valor e a mais valia, seus estudos sobre a acumulação originária do capital, bem como a brilhante crítica aos economistas clássicos.

A vida pessoal não foi menos movimentada. Em 1836 ficou noivo, em segredo, de Jenny von Westphallen, sua amiga de infância, filha do Barão von Westphallen, mas só se casaram em 1843, em razão da forte oposição das duas famílias. Jenny era uma moça de rara beleza[4] e de grande caráter. Leal companheira, colaborando com o marido na tarefa de transcrever-lhe os manuscritos, enfrentou uma vida de extrema miséria e toda sorte de dificuldades, em meio a exílios em Bruxelas, Paris e Londres, na qual passou pela dura experiência de ver morrer grande parte dos sete filhos.

A opção de Marx pela classe dos explorados no capitalismo provocou antipatia e ódio entre aqueles aos quais ele se opunha, e, como conseqüência, muitas represálias e perseguições. Quando concluiu os estudos, pretendia lecionar na Universidade de Bonn, mas, da mesma forma que Feuerbach perdeu a cadeira de professor, e Bauer foi impedido de fazer conferências, ele não conseguiu ser aceito naquela universidade, nem em nenhuma outra, acabando por desistir da docência[5]. Passou a trabalhar como jornalista, tanto para conseguir recursos para sobreviver quanto para divulgar suas idéias. Foi o redator-chefe da *Primeira Gazeta Renana* (1842), jornal de oposição, que sofria constante censura do governo, e que, mesmo com sua saída, foi proibido e fechado, em 1843. Nesse mesmo ano, em virtude das muitas perseguições na terra natal, muda-se para a França. Escreve matérias para o jornal *Vorwärts!* ("Avante!"), de Paris (1844); por pressão do governo prussiano, em retaliação aos seus artigos que criticavam a política da Prússia, é expulso da França. Vai para Bruxelas, onde se torna colaborador da *Gazeta Alemã de Bruxelas* (1847); é expulso também desse país, por causa de suas atividades e artigos políticos. Além desses, escreveu para o jornal *Nova Gazeta Renana*

---

[4] Trecho da carta de Marx, em Trier (1865), a Jenny: "todo dia e por quase toda parte me pedem notícias daquela que era então a mais bela jovem de Trier e a rainha dos bailes. É diabolicamente agradável para um homem ver que sua mulher continua a viver assim como uma princesa encantada no espírito de toda uma cidade". In *Os pensadores*, Abril, 1974.

[5] Em contraste, o grupo da direita hegeliana detinha os cargos docentes nas universidades, e, igualmente, as posições destacadas no governo.

(1848-9), e foi correspondente do estadunidense *New York Daily Tribune* (1852-61), e do *Die Presse* (1861-2), de Viena.

Quanto ao trabalho prático, Marx fundou uma associação de operários em Bruxelas, e, em 28 de setembro de 1864, a Associação Internacional dos Trabalhadores, conhecida como a Primeira Internacional. A intenção era agregar as várias tendências de esquerda — como os cooperativistas de inspiração proudhoniana, os republicanos italianos e os sindicalistas ingleses —, em um programa comum de luta contra o capitalismo. Nesse cenário se travam as disputas entre Marx e o anarquista Mikhail Bakunin, que resultariam na cisão entre marxistas e anarquistas e na própria dissolução da Primeira Internacional. Também participou da fundação do Partido Social Democrata Alemão, em 1875.

Sucessivamente expulso da Prússia, Bélgica e também *persona non grata* na França, Marx consegue fixar residência em Londres, onde passou o resto de seus dias, dedicando-se ao estudo de economia e história. Em 2 de dezembro de 1881 morre Jenny; quase dois anos depois, em 14 de março de 1883, morre Marx. Engels dedica-se à tarefa de publicar e divulgar a obra do grande pensador político.

Aliás, em meio a tantas vicissitudes, Engels foi um feliz encontro na vida de Marx. Em 1842, esteve em Paris, onde estreitou relações com Marx, nascendo aí a amizade que se manteve ao longo de quarenta anos e, igualmente, uma das mais famosas parcerias da história do pensamento. Marx já havia lido *Esboço de uma crítica da economia política* (escrito por Engels e publicado no único número dos *Anais Franco-Alemães*), que muito o impressionou e influenciou, em razão das críticas aos argumentos sustentados até então por grandes nomes da economia clássica. A colaboração constante de Engels, tanto financeira quanto como produção de pesquisa, foi fundamental para a sobrevivência e o trabalho intelectual do amigo. No funeral de Marx, foram estas as suas palavras de despedida: "Seu nome viverá através dos séculos, e com ele a sua obra". Vaticínio, de resto, totalmente confirmado pela enquete feita pela BBC de Londres, em 2005, na qual Marx foi votado como o maior filósofo de todos os tempos[6]. Do mesmo modo, sua obra permanece viva em todos aqueles que, ainda que discordem de suas teses, pensam que seja possível construir um mundo mais justo para todos.

---

[6] Marx venceu com o dobro de votos obtidos pelo segundo colocado, o filósofo escocês David Hume.

Relação das obras principais

Manuscritos econômico-filosóficos (*Ökonomisch-philosophische Manuskripte*, obra escrita em 1844, e publicada em 1932, na União Soviética); *Esboços dos fundamentos da crítica da economia política* (*Grundrisse der Kritik der politischen Ökonomie*, publicada na União Soviética, entre 1929 e 1941); *A ideologia alemã* (*Die deutche Ideologie*, em co-autoria com Engels, publicada em 1926); *A questão judaica* (*Die Judenfrage*, publicada em 1844); *Miséria da filosofia* (*Das Elend der Philosophie*, publicada em Bruxelas, em 1847); *Crítica da filosofia do direito de Hegel* (*Zur Kritik der hegelschen Rechtsphilosophie*, 1844); *Para a crítica da economia política* (*Zur Kritik der Politischen Ökonamie von Karl Marx*, publicada em 1859, em Berlim); *Teses sobre Feuerbach* (*Thesen über Feuerbach*, 1845, publicada postumamente); *A guerra civil na França* (*Der Bürgerkrieg in Frankreich*; primeiramente publicado como discurso ao conselho geral da Internacional, e depois reunido com outros textos, em 1891); *A sagrada família* (*Die heilige Familie*, 1844-5); *Manifesto do Partido Comunista* (*Manifest der Kommunistischen Partei*, 1848); *Trabalho assalariado e Capital* (*Lohnarbeit und Kapital*, 1849); *O 18 Brumário de Luís Bonaparte* (*Der Brumaire des Louis Bonaparte*; primeiramente publicado em jornais, em 1852, e em livro em 1869); *Estatutos gerais da Associação Internacional dos Trabalhadores* (textos publicados como folhetos, em francês e em inglês entre novembro e dezembro de 1871, e em alemão, em fevereiro de 1872); *Salário, preço e lucro* (Pronunciamento de Marx nas sessões do Conselho Geral da Associação Internacional dos Trabalhadores, feito em 20 e 27 de junho de 1865, e publicado em folheto em 1898, em Londres); *O Capital* (*Das Kapital*; o livro I foi publicado em 1867; os livros II e III foram publicados postumamente); *Crítica ao programa de Gotha* (*Kritik des Gothaer Programms*. Escrita em 1875, esta carta de Marx foi publicada em 1891, por Engels).

Índice

O 18 Brumário de Luís Bonaparte

Os Objetivos, a Filosofia e a Missão da Editora Martin Claret

O principal Objetivo da MARTIN CLARET é continuar a desenvolver uma grande e poderosa empresa editorial brasileira, para melhor servir a seus leitores.

A Filosofia de trabalho da MARTIN CLARET consiste em criar, inovar, produzir e distribuir, sinergicamente, livros da melhor qualidade editorial e gráfica, para o maior número de leitores e por um preço economicamente acessível.

A Missão da MARTIN CLARET é conscientizar e motivar as pessoas a desenvolver e utilizar o seu pleno potencial espiritual, mental, emocional e social.

A MARTIN CLARET está empenhada em contribuir para a difusão da educação e da cultura, por meio da democratização do livro, usando todos os canais ortodoxos e heterodoxos de comercialização.

A MARTIN CLARET, em sua missão empresarial, acredita na verdadeira função do livro: o livro muda as pessoas.

A MARTIN CLARET, em sua vocação educacional, deseja, por meio do livro, claretizar, otimizar e iluminar a vida das pessoas.

Revolucione-se: leia mais para ser mais!

MARTIN CLARET

Relação dos Volumes Publicados

1. Dom Casmurro
Machado de Assis
2. O Príncipe
Maquiavel
3. Mensagem
Fernando Pessoa
4. O Lobo do Mar
Jack London
5. A Arte da Prudência
Baltasar Gracián
6. Iracema / Cinco Minutos
José de Alencar
7. Inocência
Visconde de Taunay
8. A Mulher de 30 Anos
Honoré de Balzac
9. A Moreninha
Joaquim Manuel de Macedo
10. A Escrava Isaura
Bernardo Guimarães
11. As Viagens - "Il Milione"
Marco Polo
12. O Retrato de Dorian Gray
Oscar Wilde
13. A Volta ao Mundo em 80 Dias
Júlio Verne
14. A Carne
Júlio Ribeiro
15. Amor de Perdição
Camilo Castelo Branco
16. Sonetos
Luís de Camões
17. O Guarani
José de Alencar
18. Memórias Póstumas de Brás Cubas
Machado de Assis
19. Lira dos Vinte Anos
Álvares de Azevedo
20. Apologia de Sócrates / Banquete
Platão
21. A Metamorfose/Um Artista da Fome/Carta a Meu Pai
Franz Kafka
22. Assim Falou Zaratustra
Friedrich Nietzsche
23. Triste Fim de Policarpo Quaresma
Lima Barreto
24. A Ilustre Casa de Ramires
Eça de Queirós
25. Memórias de um Sargento de Milícias
Manuel Antônio de Almeida
26. Robinson Crusoé
Daniel Defoe
27. Espumas Flutuantes
Castro Alves
28. O Ateneu
Raul Pompéia
29. O Noviço / O Juiz de Paz da Roça / Quem Casa Quer Casa
Martins Pena
30. A Relíquia
Eça de Queirós
31. O Jogador
Dostoiévski
32. Histórias Extraordinárias
Edgar Allan Poe
33. Os Lusíadas
Luís de Camões
34. As Aventuras de Tom Sawyer
Mark Twain
35. Bola de Sebo e Outros Contos
Guy de Maupassant
36. A República
Platão
37. Elogio da Loucura
Erasmo de Rotterdam
38. Caninos Brancos
Jack London
39. Hamlet
William Shakespeare
40. A Utopia
Thomas More
41. O Processo
Franz Kafka
42. O Médico e o Monstro
Robert Louis Stevenson
43. Ecce Homo
Friedrich Nietzsche
44. O Manifesto do Partido Comunista
Marx e Engels
45. Discurso do Método / Regras para a Direção do Espírito
René Descartes
46. Do Contrato Social
Jean-Jacques Rousseau
47. A Luta pelo Direito
Rudolf von Ihering
48. Dos Delitos e das Penas
Cesare Beccaria
49. A Ética Protestante e o Espírito do Capitalismo
Max Weber
50. O Anticristo
Friedrich Nietzsche
51. Os Sofrimentos do Jovem Werther
Goethe
52. As Flores do Mal
Charles Baudelaire
53. Ética a Nicômaco
Aristóteles
54. A Arte da Guerra
Sun Tzu
55. Imitação de Cristo
Tomás de Kempis
56. Cândido ou o Otimismo
Voltaire
57. Rei Lear
William Shakespeare
58. Frankenstein
Mary Shelley
59. Quincas Borba
Machado de Assis
60. Fedro
Platão
61. Política
Aristóteles
62. A Viuvinha / Encarnação
José de Alencar
63. As Regras do Método Sociológico
Emile Durkheim
64. O Cão dos Baskervilles
Sir Arthur Conan Doyle
65. Contos Escolhidos
Machado de Assis
66. Da Morte / Metafísica do Amor / Do Sofrimento do Mundo
Arthur Schopenhauer
67. As Minas do Rei Salomão
Henry Rider Haggard
68. Manuscritos Econômico-Filosóficos
Karl Marx
69. Um Estudo em Vermelho
Sir Arthur Conan Doyle
70. Meditações
Marco Aurélio
71. A Vida das Abelhas
Maurice Materlinck
72. O Cortiço
Aluísio Azevedo
73. Senhora
José de Alencar
74. Brás, Bexiga e Barra Funda / Laranja da China
Antônio de Alcântara Machado
75. Eugênia Grandet
Honoré de Balzac
76. Contos Gauchescos
João Simões Lopes Neto
77. Esaú e Jacó
Machado de Assis
78. O Desespero Humano
Sören Kierkegaard
79. Dos Deveres
Cícero
80. Ciência e Política
Max Weber
81. Satíricon
Petrônio
82. Eu e Outras Poesias
Augusto dos Anjos
83. Farsa de Inês Pereira / Auto da Barca do Inferno / Auto da Alma
Gil Vicente
84. A Desobediência Civil e Outros Escritos
Henry David Toreau
85. Para Além do Bem e do Mal
Friedrich Nietzsche
86. A Ilha do Tesouro
R. Louis Stevenson
87. Marília de Dirceu
Tomás A. Gonzaga
88. As Aventuras de Pinóquio
Carlo Collodi
89. Segundo Tratado Sobre o Governo
John Locke
90. Amor de Salvação
Camilo Castelo Branco
91. Broquéis/Faróis/Últimos Sonetos
Cruz e Souza
92. I-Juca-Pirama / Os Timbiras / Outros Poemas
Gonçalves Dias
93. Romeu e Julieta
William Shakespeare
94. A Capital Federal
Arthur Azevedo
95. Diário de um Sedutor
Sören Kierkegaard
96. Carta de Pero Vaz de Caminha a El-Rei Sobre o Achamento do Brasil
97. Casa de Pensão
Aluísio Azevedo
98. Macbeth
William Shakespeare
99. Édipo Rei/Antígona
Sófocles
100. Lucíola
José de Alencar
101. As Aventuras de Sherlock Holmes
Sir Arthur Conan Doyle
102. Bom-Crioulo
Adolfo Caminha
103. Helena
Machado de Assis
104. Poemas Satíricos
Gregório de Matos

105. Escritos Políticos / A Arte da Guerra
Maquiavel

106. Ubirajara
José de Alencar

107. Diva
José de Alencar

108. Eurico, o Presbítero
Alexandre Herculano

109. Os Melhores Contos
Lima Barreto

110. A Luneta Mágica
Joaquim Manuel de Macedo

111. Fundamentação da Metafísica dos Costumes e Outros Escritos
Immanuel Kant

112. O Príncipe e o Mendigo
Mark Twain

113. O Domínio de Si Mesmo pela Auto-Sugestão Consciente
Émile Coué

114. O Mulato
Aluísio Azevedo

115. Sonetos
Florbela Espanca

116. Uma Estadia no Inferno / Poemas / Carta do Vidente
Arthur Rimbaud

117. Várias Histórias
Machado de Assis

118. Fédon
Platão

119. Poesias
Olavo Bilac

120. A Conduta para a Vida
Ralph Waldo Emerson

121. O Livro Vermelho
Mao Tsé-Tung

122. Oração aos Moços
Rui Barbosa

123. Otelo, o Mouro de Veneza
William Shakespeare

124. Ensaios
Ralph Waldo Emerson

125. De Profundis / Balada do Cárcere de Reading
Oscar Wilde

126. Crítica da Razão Prática
Immanuel Kant

127. A Arte de Amar
Ovídio Naso

128. O Tartufo ou O Impostor
Molière

129. Metamorfoses
Ovídio Naso

130. A Gaia Ciência
Friedrich Nietzsche

131. O Doente Imaginário
Molière

132. Uma Lágrima de Mulher
Aluísio Azevedo

133. O Último Adeus de Sherlock Holmes
Sir Arthur Conan Doyle

134. Canudos - Diário de Uma Expedição
Euclides da Cunha

135. A Doutrina de Buda
Siddharta Gautama

136. Tao Te Ching
Lao-Tsé

137. Da Monarquia / Vida Nova
Dante Alighieri

138. A Brasileira de Prazins
Camilo Castelo Branco

139. O Velho da Horta/Quem Tem Farelos?/Auto da Índia
Gil Vicente

140. O Seminarista
Bernardo Guimarães

141. O Alienista / Casa Velha
Machado de Assis

142. Sonetos
Manuel du Bocage

143. O Mandarim
Eça de Queirós

144. Noite na Taverna / Macário
Álvares de Azevedo

145. Viagens na Minha Terra
Almeida Garrett

146. Sermões Escolhidos
Padre Antonio Vieira

147. Os Escravos
Castro Alves

148. O Demônio Familiar
José de Alencar

149. A Mandrágora / Belfagor, o Arquidiabo
Maquiavel

150. O Homem
Aluísio Azevedo

151. Arte Poética
Aristóteles

152. A Megera Domada
William Shakespeare

153. Alceste/Electra/Hipólito
Eurípedes

154. O Sermão da Montanha
Huberto Rohden

155. O Cabeleira
Franklin Távora

156. Rubáiyát
Omar Khayyám

157. Luzia-Homem
Domingos Olímpio

158. A Cidade e as Serras
Eça de Queirós

159. A Retirada da Laguna
Visconde de Taunay

160. A Viagem ao Centro da Terra
Júlio Verne

161. Caramuru
Frei Santa Rita Durão

162. Clara dos Anjos
Lima Barreto

163. Memorial de Aires
Machado de Assis

164. Bhagavad Gita
Krishna

165. O Profeta
Khalil Gibran

166. Aforismos
Hipócrates

167. Kama Sutra
Vatsyayana

168. O Livro da Jângal
Rudyard Kipling

169. De Alma para Alma
Huberto Rohden

170. Orações
Cícero

171. Sabedoria das Parábolas
Huberto Rohden

172. Salomé
Oscar Wilde

173. Do Cidadão
Thomas Hobbes

174. Porque Sofremos
Huberto Rohden

175. Einstein: o Enigma do Universo
Huberto Rohden

176. A Mensagem Viva do Cristo
Huberto Rohden

177. Mahatma Gandhi
Huberto Rohden

178. A Cidade do Sol
Tommaso Campanella

179. Setas para o Infinito
Huberto Rohden

180. A Voz do Silêncio
Helena Blavatsky

181. Frei Luís de Sousa
Almeida Garrett

182. Fábulas
Esopo

183. Cântico de Natal/ Os Carrilhões
Charles Dickens

184. Contos
Eça de Queirós

185. O Pai Goriot
Honoré de Balzac

186. Noites Brancas e Outras Histórias
Dostoiévski

187. Minha Formação
Joaquim Nabuco

188. Pragmatismo
William James

189. Discursos Forenses
Enrico Ferri

190. Medéia
Eurípedes

191. Discursos de Acusação
Enrico Ferri

192. A Ideologia Alemã
Marx & Engels

193. Prometeu Acorrentado
Ésquilo

194. Iaiá Garcia
Machado de Assis

195. Discursos no Instituto dos Advogados Brasileiros / Discurso no Colégio Anchieta
Rui Barbosa

196. Édipo em Colono
Sófocles

197. A Arte de Curar pelo Espírito
Joel S. Goldsmith

198. Jesus, o Filho do Homem
Khalil Gibran

199. Discurso sobre a Origem e os Fundamentos da Desigualdade entre os Homens
Jean-Jacques Rousseau

200. Fábulas
La Fontaine

201. O Sonho de uma Noite de Verão
William Shakespeare

202. Maquiavel, o Poder
José Nivaldo Junior

203. Ressurreição
Machado de Assis

204. O Caminho da Felicidade
Huberto Rohden

205. A Velhice do Padre Eterno
Guerra Junqueiro

206. O Sertanejo
José de Alencar

207. Gitanjali
Rabindranath Tagore

208. Senso Comum
Thomas Paine

209. Canaã
Graça Aranha

210. O Caminho Infinito
Joel S. Goldsmith

211. Pensamentos
Epicuro

212. A Letra Escarlate
Nathaniel Hawthorne

213. Autobiografia
Benjamin Franklin

214. Memórias de Sherlock Holmes
Sir Arthur Conan Doyle

215. O Dever do Advogado / Posse de Direitos Pessoais
Rui Barbosa

216. O Tronco do Ipê
José de Alencar

217. O Amante de Lady Chatterley
D. H. Lawrence

218. Contos Amazônicos
Inglez de Souza

219. A Tempestade
William Shakespeare

220. Ondas
Euclides da Cunha

221. Educação do Homem Integral
Huberto Rohden

222. Novos Rumos para a Educação
Huberto Rohden

223. Mulherzinhas
Louise May Alcott

224. A Mão e a Luva
Machado de Assis

225. A Morte de Ivan Ilicht / Senhores e Servos
Leon Tolstói

226. Álcoois
Apollinaire

227. Pais e Filhos
Ivan Turguêniev

228. Alice no País das Maravilhas
Lewis Carroll

229. À Margem da História
Euclides da Cunha

230. Viagem ao Brasil
Hans Staden

231. O Quinto Evangelho
Tomé

232. Lorde Jim
Joseph Conrad

233. Cartas Chilenas
Tomás Antônio Gonzaga

234. Odes Modernas
Anntero de Quental

235. Do Cativeiro Babilônico da Igreja
Martinho Lutero

236. O Coração das Trevas
Joseph Conrad

237. Thais
Anatole France

238. Andrômaca / Fedra
Racine

239. As Catilinárias
Cícero

240. Recordações da Casa dos Mortos
Dostoiévski

241. O Mercador de Veneza
William Shakespeare

242. A Filha do Capitão / A Dama de Espadas
Aleksandr Púchkin

243. Orgulho e Preconceito
Jane Austen

244. A Volta do Parafuso
Henry James

245. O Gaúcho
José de Alencar

246. Tristão e Isolda
Lenda Medieval Celta de Amor

247. Poemas Completos de Alberto Caeiro
Fernando Pessoa

248. Maiakósvski
Vida e Poesia

249. Sonetos
William Shakespeare

250. Poesia de Ricardo Reis
Fernando Pessoa

251. Papéis Avulsos
Machado de Assis

252. Contos Fluminenses
Machado de Assis

254. A Oração da Coroa
Demóstenes

255. O Castelo
Franz Kafka

256. O Trovejar do Silêncio
Joel S. Goldsmith

257. Alice na Casa dos Espelhos
Lewis Carrol

258. Miséria da Filosofia
Karl Marx

259. Júlio César
William Shakespeare

260. Antônio e Cleópatra
William Shakespeare

261. Filosofia da Arte
Huberto Rohden

262. A Alma Encantadora das Ruas
João do Rio

263. A Normalista
Adolfo Caminha

264. Pollyanna
Eleanor H. Porter

265. As Puplilas do Senhor Reitor
Júlio Diniz

266. As Primaveras
Casimiro de Abreu

270. Cancioneiro
Fernando Pessoa

272. O Divórcio / As Bases da Fé / e outros textos
Rui Barbosa

273. Pollyanna Moça
Eleanor H. Porter

274. O 18 Brumário de Luís Bonaparte
Karl Marx

Série Ouro
(Livros com mais de 400 p.)

1. Leviatã
Thomas Hobbes

2. A Cidade Antiga
Fustel de Coulanges

3. Crítica da Razão Pura
Immanuel Kant

4. Confissões
Santo Agostinho

5. Os Sertões
Euclides da Cunha

6. Dicionário Filosófico
Voltaire

7. A Divina Comédia
Dante Alighieri

8. Ética Demonstrada à Maneira dos Geômetras
Baruch de Spinoza

9. Do Espírito das Leis
Montesquieu

10. O Primo Basílio
Eça de Queirós

11. O Crime do Padre Amaro
Eça de Queirós

12. Crime e Castigo
Dostoiévski

13. Fausto
Goethe

14. O Suicídio
Émile Durkheim

15. Odisséia
Homero

16. Paraíso Perdido
John Milton

17. Drácula
Bram Stocker

18. Ilíada
Homero

19. As Aventuras de Huckleberry Finn
Mark Twain

20. Paulo – O 13º Apóstolo
Ernest Renan

21. Eneida
Virgílio

22. Pensamentos
Blaise Pascal

23. A Origem das Espécies
Charles Darwin

24. Vida de Jesus
Ernest Renan

25. Moby Dick
Herman Melville

26. Os Irmãos Karamazovi
Dostoiévski

27. O Morro dos Ventos Uivantes
Emily Brontë

28. Vinte Mil Léguas Submarinas
Júlio Verne

29. Madame Bovary
Gustave Flaubert

30. O Vermelho e o Negro
Stendhal

31. Os Trabalhadores do Mar
Victor Hugo

32. A Vida dos Doze Césares
Suetônio

34. O Idiota
Dostoiévski

35. Paulo de Tarso
Huberto Rohden

36. O Peregrino
John Bunyan

37. As Profecias
Nostradamus

38. Novo Testamento
Huberto Rohden

39. O Corcunda de Notre Dame
Victor Hugo

40. Arte de Furtar
Anônimo do século XVII

41. Germinal
Émile Zola

42. Folhas de Relva
Walt Whitman

43. Ben-Hur — Uma História dos Tempos de Cristo
Lew Wallace

44. Os Maias
Eça de Queirós

45. O Livro da Mitologia
Thomas Bulfinch

47. Poesia de Álvaro de Campos
Fernando Pessoa

48. Jesus Nazareno
Huberto Rohden

49. Grandes Esperanças
Charles Dickens

50. A Educação Sentimental
Gustave Flaubert

51. O Conde de Monte Cristo (Volume I)
Alexandre Dumas

52. O Conde de Monte Cristo (Volume II)
Alexandre Dumas

53. Os Miseráveis (Volume I)
Victor Hugo

54. Os Miseráveis (Volume II)
Victor Hugo

55. Dom Quixote de La Mancha (Volume I)
Miguel de Cervantes

56. Dom Quixote de La Mancha (Volume II)
Miguel de Cervantes

58. Contos Escolhidos
Artur Azevedo